Warum Wein einst gesünder als Wasser war und
wie Kartoffeln die Welt verändert haben

Fritz Dittlbacher

Warum Wein einst gesünder als Wasser war und wie Kartoffeln die Welt verändert haben

Geschichte in Geschichten

ueberreuter

Danke, dass Sie sich für unser Buch entschieden haben!
Sie wollen über unser Programm auf dem Laufenden bleiben sowie über Neuigkeiten und Gewinnspiele informiert werden?
Folgen Sie uns auf Social Media oder abonnieren Sie unseren Newsletter.

2. Auflage 2025
ISBN 978-3-8000-7869-1

Covergestaltung: Saskia Beck | s-stern.com
Satz: Lisa Wilfinger | Carl Ueberreuter Verlag
Lektorat: Caroline Metzger
Druck und Bindung: finidr s.r.o. | Český Těšín

produktsicherheit@ueberreuter.at
www.ueberrreuter.at

INHALTSVERZEICHNIS

EINLEITUNG

Drei-drei-drei, welche Keilerei war das noch mal? Wie hießen die Nachfolgereiche Alexander des Großen? Wann war der Dreißigjährige Krieg? Welcher Kaiser erwarb Spanien für die Habsburger?

Lange Jahre kreiste der Geschichtsunterricht an Schulen um Fragen wie diese, um Daten und Namen, die man bei Prüfungen rasch abfragen konnte. Als dann später der Bezugsrahmen für den Unterricht erweitert wurde, ging es um Themen wie die russische Schwarzerde-Region oder die Bodenschätze in Mittel- und Norddeutschland. Auch das waren meist höchst trockene Materien. Ein Lieblingsgegenstand war Geschichte daher für nur wenige. Für die meisten war es etwas, das man kurz vor dem Test mit Auswendiglernen unwillig hinter sich brachte.

Das lag auch daran, dass sich die Antwort auf die Frage „Was macht Geschichte aus?" über lange Zeit auf zwei Bereiche konzentrierte: auf Schlachten und auf große Herrscher, die im Übrigen fast immer Männernamen trugen, oft mit einer römischen Ziffer dahinter versehen. Karl V., Josef II., Heinrich VIII. – weil diese großen Männer selbstverständlich auf fast ebenso große Vorfahren zurückblicken konnten.

Natürlich machen auch Männer Geschichte, große Männer besonders – und oft sind es Schlachten, die historische Wendepunkte darstellen. Napoleon Bonaparte etwa hat die europäische Welt unzweifelhaft verändert und Waterloo war sein militärischer Untergang. Aber kann es nicht auch andersrum richtig sein? Haben nicht vor allem auch die Welt und die Zeit den „großen Mann" gemacht, die Gesellschaft, die geistigen Strömungen – und vor allem die materiellen Bedingungen? Wie konnte es dazu kommen, dass der zweitgeborene Sohn des Carlo Buonaparte und der Letizia Ramolino, der erst in der Schule so richtig Französisch lernte, von der abgelegenen Insel Korsika aus zum Kaiser der Franzosen wurde? Es war seine Persönlichkeit, keine Frage. Es war sein militärisches und politisches Genie. Es war Glück. Aber es war auch – und zwar zuvorderst – die Zeit, die dafür reif war: ein abgewirtschaftetes Königreich, ein hungerndes Volk. Neue Ideen, die neue Verbreitungswege fanden. Es war außerdem eine völlig neue Vorstellung von militärischer Führung, die den schlecht motivierten Armeen der verbündeten europäischen Fürsten französische Soldaten entgegenstellte, die von ihrer Mission überzeugt waren. Auch die Offiziere dieser revolutionären Armee hatten ihren Rang nicht wie zuvor üblich Geburt und Abstammung zu verdanken, sondern ihrer militärischen Fähigkeit und Leistung. Napoleon Bonaparte war einer von ihnen.

Die Bedeutung der großen Persönlichkeiten, die Folgen der Entscheidungsschlachten sollen hier nicht geschmälert werden. Historische Biografien erfreuen sich zu Recht großer Beliebtheit, und mit Monografien über Kriege kann man ganze Bibliotheken füllen. In diesem Buch soll es aber vorrangig um andere Dinge gehen, die die Welt ebenfalls verändert haben. Um Entdeckungen, um Techniken, um Gegenstände, ja, auch um Nahrungsmittel oder Stoffe, die das Leben vieler Menschen neu geformt haben. Oft sind es anfangs kleine, unscheinbare Neuerungen, die große Umwälzungen nach sich ziehen.

Die Erfindung des Steigbügels ist ein gutes Beispiel dafür. Seit rund 5000 Jahren werden Pferde als Haustiere gehalten. Als Wesen, die zugleich kräftig und sanft sind, waren sie über Jahrtausende wertvolle Begleiter des Menschen, als Zugtiere, als Reittiere. Mit einem Pferd konnte man große Lasten transportieren, man konnte auch schnell unterwegs sein auf ihm – wenn man es schaffte, nicht herunterzufallen. Denn das war lange Zeit das große Manko. Wer schon einmal auf einem Pferd gesessen ist, weiß: Man sitzt da verdammt weit oben. Und wenn sich das Tier schnell bewegt, ist es auch ungemein wackelig. Das geht gut, solange man sich einigermaßen darauf konzentriert, oben zu bleiben. Wenn man dabei aber auch noch rasche, kraftvolle Bewegungen macht –

etwa, weil man glaubt, ein Schwert schwingen zu müssen –, dann ist bald Schluss mit lustig.

Um nun die Geschwindigkeit, die man mit Pferden erreichen konnte, mit der Stabilität zu verbinden, die man für einen Kampf brauchte, ließ man sich Streitwägen einfallen. Glücklicherweise fiel die Domestizierung des Pferdes ziemlich genau mit der Erfindung des Rades zusammen, beides geschah so etwa 3000 vor Christus, auf ein paar Jahrhunderte auf oder ab kommt es dabei nicht an. Die technischen Möglichkeiten für einen Streitwagen hatte man also recht rasch beisammen. In der Tat datieren die ältesten Funde von Streitwägen rund 4000 Jahre zurück.

Nun ist die Einsetzbarkeit von Streitwägen abseits von Pferderennbahnen, wie es sie im Film *Ben Hur* gab, recht beschränkt. In Wüsten und Steppenlandschaften ging es noch so einigermaßen, sobald aber Berg, Tal und Wald als Hindernisse hinzukamen, war es rasch zu Ende mit der militärischen Überlegenheit dieser Kampfgefährte. Wollte man zügig in unwegsamerem Gelände unterwegs sein, musste man sich also auf das Pferd setzen, ob es nun wackelte oder nicht. Sattel und Zügel, um zu lenken und einigermaßen bequem zu sitzen, waren rasch erfunden.

Im ersten Stock des Britischen Museums in London, in den Sälen zur antiken Geschichte, gibt es wunderschöne Bilder von römischen Soldaten hoch zu Ross. Im alten Rom waren die *eques*, die Reiter, sogar ein eigener und angesehener Stand, gesellschaftlich gleich hinter den Senatoren angesiedelt. Ein machtvolles Ritterheer stellten sie aber nicht, die Zeit der Kavallerieschlachten war noch nicht gekommen. Die römische Armee ging meist zu Fuß, das Herzstück der Legionen war die Infanterie. Was man jedenfalls auf den schönen Bildern in der britischen Antiken-Sammlung deutlich sieht: Die Beine der stolzen Reiter baumelten lose.

Der Steigbügel wurde erst erfunden, da war es mit dem Römischen Reich schon wieder vorbei: Im 5. Jahrhundert nach Christi Geburt war es so weit, wahrscheinlich in China oder Japan. Nach Europa brachten den Steigbügel die Awaren, jenes mythische Reitervolk aus dem Osten, das nach dem Untergang Roms zwei Jahrhunderte lang auch bei uns im östlichen Mitteleuropa herrschte – um dann weitgehend spurlos im Dunkel der Geschichte zu verschwinden. Was es jedoch hinterließ, war jenes Werkzeug, das einen befähigte, sich unter allen Umständen sicher am Pferd zu halten: ein hölzernes oder metallenes Dreieck, durch ein Lederband am Sattel befestigt, in dem der Fuß des Reiters Halt fand. Dieses Ding, der Steigbügel, veränderte die mittelalterliche Gesellschaft: Für einen Kämpfer hoch zu Ross war ein Fußsoldat nun kein ebenbürtiger Gegner mehr. Die Schlachten wurden fortan von den schnellen, schwer bewaffneten Reiter-Kriegern entschieden.

Diese Art zu kämpfen setzte jedoch unentwegtes Training und auch ein ziemliches Vermögen voraus: Ein Kampfross war teuer in Anschaffung und Unterhalt, Reittraining und Rüstung ebenso. Dass – wie in den Heerzügen der Germanen – der Herzog einfach seine Bauern mobilisierte, die dann den Pflug gegen das Schwert tauschten, war nunmehr Vergangenheit. Man brauchte Berufskrieger und eine neue Klasse entstand – eben jene der Ritter. Damit diese auch zu allen Zeiten ordentlich versorgt waren, um ihr Kriegshandwerk trainieren und ausüben zu können, ordnete ihnen der Fürst Bauern unter. Diese mussten von da an einen Teil ihrer Ernteerträge dem Ritter abgeben. Er kämpfte für sie, sie dienten ihm. Durch den Zehent, einen Anteil an der Ernte, meist der „zehnte Teil". Oder durch die Robot, den Arbeitsdienst im Auftrag des Herrn. Der Feudalismus war entstanden, die Standesgesellschaft des Mittelalters: Kaiser, König, Edelmann – Bürger, Bauer, Bettelmann. Und an ihrem Anfang stand eben der Steigbügel – jenes Ding, das dem einen hoch zu Ross zu einem sicheren Stand über all jenen zu ebener Erde verhalf.

An ihrem Ende standen übrigens der Langbogen, dessen Pfeile auch die metallenen Ritterrüstungen durchschlagen konnten, und das Schießpulver, das die Burgen der Ritter nicht mehr uneinnehmbar sein ließ. Die Neuzeit setzte dem Rittertum ein Ende, der Ungleichheit der Menschen aber noch lange nicht.

In diesem Buch sollen daher auch die Geschichten der Dinge erzählt werden, und wie sie auf die Entwicklung der Gesellschaft Einfluss genommen haben. Es geht um die Gegenstände des täglichen Lebens, es geht auch um Statistiken und Fakten, um Zahlen, die Geschichtsmacht erlangt haben. Es geht um erfolgreiche Erfindungen und Entdeckungen. Aber es geht auch ums Ausbleiben von Erfolg, etwa um gescheiterte Staaten und die Gründe dafür. Natürlich geht es auch um die Menschen hinter all diesen Veränderungen.

Grundsätzlich soll es aber in diesem Buch um den Aha-Effekt gehen, so wie in der Fernsehsendung *Studio 2* im ORF, auf deren wöchentlicher Geschichtsrubrik viele der folgenden Geschichten beruhen. Es geht dort wie hier um den Versuch, neue Zusammenhänge zu schaffen, überraschende Verbindungen herzustellen. Es geht auch um den Spaß an der Geschichte. Einer Geschichte, die aufzeigt, dass früher Wein gesünder war als Wasser – und wie der Erdapfel die Welt verändert hat.

KAPITEL 1:

VOM ESSEN UND TRINKEN

„Erst kommt das Fressen, dann kommt die Moral“ – so grob beschreibt Bertolt Brecht in seiner *Dreigroschenoper* die Hierarchie der Lebensnotwendigkeiten. In der Ballade „Wovon lebt der Mensch?“ lässt der Kriminelle Macheath, auch Mackie Messer genannt, wenig Zweifel daran, was wirklich wichtig ist. Essen und Trinken sind die Basis jeder Gesellschaft. Ob es nun Jäger und Sammler sind oder Ackerbauern, die ausreichende Versorgung mit Lebensmitteln ist entscheidend. Daher haben in diesem Bereich auch Änderungen und Neuerungen so weitreichende Folgen. Die entscheidende Komponente ist hier das „Mehr“, nicht das „Besser“.

Das war schon beim Übergang von der Altsteinzeit zur Jungsteinzeit, der sogenannten Neolithischen Revolution, so. Durchgesetzt hat sich das Modell „Landwirtschaft“, weil es mehr Nahrung ermöglichte, und nicht, weil es ein besseres Leben versprach.

Der britische Anthropologe Mark Dyble hat auf den Philippinen das Volk der Agta untersucht. Die sind zu Teilen noch Jäger und Sammler, andere haben bereits den Reisanbau für sich entdeckt. Jene Gemeinschaften, die sich von der Jagd auf Rehe oder Schweine und von Früchten ernähren, haben deutlich weniger Arbeitsaufwand als die bäuerlichen Agta. Die Feldarbeit verringert deren „Freizeit“ erheblich, vor allem jene der weiblichen Gruppenmitglieder. Für sie bedeutet der Reisanbau rund 20 Arbeitsstunden mehr in der Woche. Dazu kommt, dass die Jäger- und Sammler-Gemeinschaften gesünder sind als jene der Ackerbauern. Diese leiden häufiger unter Parasiten, ihre Lebenserwartung sei kürzer, schreibt Mark Dyble. Allerdings sind sie fruchtbarer, sie bekommen mehr Kinder und das in kürzeren Abständen. Auch hier bewahrheitet sich also, dass der wichtigste Faktor der Veränderung das Mehr und nicht das Besser ist.

Die nun folgenden Abschnitte werfen einige Streiflichter auf den Wandel im Nahrungsmittelangebot und wie er die Gesellschaft verändert hat.

Wie Kartoffeln die Welt verändert haben

Im Februar 1573 wird im Spital Hospital de la Sangre in Sevilla Geschichte geschrieben – und zwar von einem Buchhalter. Heute heißt es Hospital de las Cinco Llagas und ist der Sitz des andalusischen Parlaments, damals war es eine mildtätige Stiftung, in der vor allem armen Frauen geholfen werden sollte. Sie wurden dort in 15 Sälen behandelt, beherbergt und verpflegt. Und über diese Verpflegung vermerkt der Schreiber des Hospitals an einem Februartag vor mehr als 450 Jahren erstmals, dass *Papas* gekauft worden seien.

Papas oder auch *patatas*, das waren Früchte aus dem eben erst entdeckten Amerika, und zwar solche, denen man fast wundersame Wirkung zuschrieb. Erstmals erwähnt wurden sie 20 Jahre davor von Francisco López de Gómara, der in seiner *Historia general de las Indias* schrieb, die Bewohner der Hochebene um den Titicacasee würden sich vom – ebenfalls neu entdeckten – Mais und von *Papas* ernähren und daher allesamt „100 und mehr Jahre alt" werden.

100 Jahre sind die Armenhäuslerinnen vom Hospital de la Sangre wohl nicht geworden. Aber die Frucht aus den spanischen Kolonien in Lateinamerika trat dennoch ihren Siegeszug an. In England als *potatoes*, in Frankreich als *pommes de terre*, der heimische *Erdapfel* kommt aus dieser Sprachtradition, außer in Vorarlberg, wo er als *Grumpiera* oder „Grundbirne" vom Apfelhaften abweicht. In Deutschland ist es die Kartoffel, die vom Wortursprung her Anleihen bei einer anderen Bodenfrucht nimmt: der Trüffel. Diese italienische *tartufo* ist hochgeschätzt – was man anfangs über den Erdapfel bei Weitem nicht sagen konnte.

Denn die Pflanzen, die die Spanier aus Amerika mitbrachten, mussten erst an die europäischen Verhältnisse angepasst werden. An und für sich haben die Erdäpfel ja einige große Vorteile gegenüber dem damals in ganz Europa als Hauptnahrungsquelle vorherrschenden Getreide: Man muss sie nicht dreschen, man muss sie nicht mahlen, man muss sie nicht backen. Man kocht sie oder brät sie über Feuer – fertig. Weil sie unter der Erde wachsen, sind sie auch relativ diebstahlsicher, in den damaligen Zeiten war das ein Vorteil. Ein Problem war anfangs: Die Kartoffel ist ein Nachtschattengewächs, sie wächst – wie viele andere Pflanzen – vor allem in der Nacht. Das ist am Äquator kein Problem, da sind Tag und Nacht immer gleich lang. In Europa mit seinen Jahreszeiten sind die Nächte im Sommer und damit in der Wachstumsperiode aber relativ kurz. Die ersten Erdäpfel waren daher ziemlich klein. Dieses Problem hat man zwar rasch durch Neuzüchtungen behoben, aber zunächst blieb Irland das einzige europäische Land, in dem sich der Kartoffelanbau durchgesetzt hat. In Kontinentaleuropa blieb sie eine Zierpflanze für Gartenanlagen, keine Nutzpflanze fürs Feld.

Den Regierenden lag sie dagegen lange Zeit deutlich mehr am Herzen als der bäuerlichen Bevölkerung. Vor allem der preußische König Friedrich II. tat ab 1750 alles, um die Kartoffeln in seinem Land populär zu machen. Er hat damals seine berühmten „Kartoffelbefehle" erlassen: Erdäpfelanbau war nun patriotische Pflicht. Geholfen hat das zunächst aber wenig. So griff er zu einem Trick: Er ließ Kartoffelfelder anlegen – und sie dann von Soldaten bewachen. Diese Bewachung wurde allerdings bewusst so nachlässig gehandhabt, dass die Bauern der Umgebung in der Nacht das Saatgut stehlen konnten. Denn sie sollten, so der Plan, die „wertvolle Frucht des Königs" auf den eigenen Feldern anbauen. Funktioniert hat auch das nicht so wirklich, Friedrich II. ist allerdings der Spottname „Kartoffelkönig" geblieben.

Seine Gegenspielerin Maria Theresia hatte in Österreich ebenfalls versucht, den Kartoffelanbau populär zu machen. Und sie war ebenso erfolglos geblieben. Durchgesetzt haben sich die Erdäpfel bei uns erst im Zuge der Hungersnöte nach den Napoleonischen Kriegen. 1815 war in Indonesien der Vulkan Tambora ausgebrochen, sein Ascheausstoß führte im Jahr darauf in Europa zu einem „Jahr ohne Sommer", wie Zeitgenossen schrieben. Und auch die folgenden Jahre waren noch davon betroffen. Die Getreidepreise stiegen vor allem nördlich der Alpen, wo der temporäre Klimawandel die Ernten besonders beeinträchtigt hatte, aufs Dreifache. Plötzlich wurde der lange verschmähte Erdapfel doch populär. Allerdings nicht gleich und nicht überall.

Kärnten, von den Wetterkapriolen der Jahre 1816 bis 1819 weitgehend verschont, fand erst in den 1850er-Jahren Gefallen am Kartoffelanbau. Bis dahin galt: Was der Bauer nicht kennt, … Da war es aber auch schon höchste Zeit. Denn die moderne Welt verlangte nach moderner Ernährung, und die hieß im 19. Jahrhundert: Erdäpfel. Der Grund dafür war die außergewöhnliche Ausgiebigkeit, die der Kartoffelanbau mit sich bringt: Auf derselben Fläche, auf der man Getreide für ein Kilo Brot anbauen kann, kann man 30 Kilo Erdäpfel ernten. Und das ohne großen Arbeitsaufwand. Es gibt sogar Historiker, die die legendäre Streit- und Rauflust der Iren, die sich in vielen Erhebungen gegen ihre englischen Gutsherren belegen lässt, auf den dort sehr früh vorherrschenden Erdäpfelanbau zurückführen: Dessen lange, ruhige Wachstumsperioden, die wenig bäuerliche Pflege erforderten, hätten genug Spielraum für Aufständisches gelassen. Was aber auf alle Fälle historisch belegt ist: Die Kartoffeln wurden zum „Superfood" der Industrialisierung.

Der wirtschaftliche Wandel der Gründerzeit und die Schaffung von Fabriken hatten einerseits unentwegt nach neuen Arbeitskräften verlangt. Diese waren daher nicht mehr in der Landwirtschaft tätig, es zog sie ins freiere Leben, in die Stadt. Den Bauern kamen die Knechte und Mägde abhanden. Um die drastisch angewachsene Stadtbevölkerung zu ernähren, brauchte es andererseits wiederum ausreichend viele und ausreichend billige Lebensmittel. Für all das war die Kartoffel die Lösung: einfach zu ernten, ohne aufwendige Verarbeitung zu verspeisen, billig und immer reichlich vorhanden. Im ausgehenden 19. Jahrhundert aßen die Menschen in Europa im Jahr durchschnittlich 200 Kilo Erdäpfel – mehr als ein halbes Kilo pro Tag.

Wie wichtig die Kartoffeln geworden waren, sah man, als in den neu angelegten Monokulturen Pflanzenkrankheiten ausbrachen. Irland war deshalb nicht nur jenes europäische Land, in dem sich der Erdäpfelanbau als Erstes durchgesetzt hatte, sondern auch das, in dem die Abhängigkeit von der Feldfrucht besonders deutlich wurde. 1845 brach dort die Kartoffelfäule aus, eine Pilzerkrankung, die die gesamte Ernte vernichtete. Binnen zwei Jahren sind in Irland daraufhin eine Million Menschen verhungert, denn plötzlich fehlte das Hauptnahrungsmittel. Zwei weitere Millionen sind ausgewandert, insgesamt kam es innerhalb von nur vier Jahren zu einem Bevölkerungsrückgang von mehr als einem Drittel. Auf der Insel merkt man diesen Aderlass bis heute: Vor der großen Hungersnot von 1845 bis 1849 hatte Irland rund 8,5 Millionen Einwohner. Heute sind es knapp sieben Millionen.

Der Kartoffelkonsum spielt in Europa heute noch eine große Rolle, auch wenn es nicht mehr 200 Kilo Erdäpfel pro Person und Jahr sind: Die Österreicher liegen derzeit bei rund 60 Kilo jährlichem Verbrauch, das heißt, sie essen im Durchschnitt mehr als ein Kilo Erdäpfel in der Woche. Die Deutschen konsumieren wöchentlich noch einmal 30 Dekagramm mehr. Dass „Kartoffel" ein Spitzname für Deutsche ist, kann damit aber nicht belegt werden: In Großbritannien liegt der Erdäpfelkonsum mit 90 Kilo pro Person und Jahr deutlich höher, das Nationalgericht *Fish and Chips* lässt grüßen. Am höchsten ist der Kartoffelverbrauch in Weißrussland: Dort steht der Konsum pro Kopf derzeit bei rund 120 Kilo jährlich. Wobei wohl nur ein Teil als feste Nahrung zu sich genommen wird, ein anderer flüssig: Wodka wird ja bekanntlich ebenfalls aus Kartoffeln gemacht.

Zucker: Süße mit bitterem Beigeschmack

Vier verschiedene Geschmacksrezeptoren hat die menschliche Zunge: süß, sauer, salzig und bitter. Unter diesen vier Geschmäcken gibt es einen klaren Sieger: Was süß ist, ist auch beliebt, das zeigt sich bereits, wenn man Säuglinge kosten lässt – Zucker lässt sie lächeln.

Die Lust auf Süßes ist also etwas Ur-Menschliches. Seit es Aufzeichnungen über Nahrung gibt, gibt es auch Beschreibungen von Süßspeisen. Vom alten Ägypten bis zum Römischen Reich: Wenn es Festtage gab, dann gab es auch süßes Gebäck. Unsere Kekse in der Weihnachtszeit haben also eine lange Tradition. Wobei das antike Süß bei Weitem nicht so intensiv war wie unser heutiges. Jener Süßstoff, der über Jahrtausende verwendet wurde, war Honig. In Ägypten galt er als „Saft der Götter" und sollte Unsterblichkeit verleihen. Dass das mit der Unsterblichkeit nicht funktioniert hat, wusste man rasch, auf die Süßspeisen wollte man dennoch nicht verzichten.

Honig war im Altertum ein Luxusgut – und Zucker war überhaupt fast unerschwinglich. Bekannt war der Zucker bereits in der Antike. Der Saft von Zuckerrohr kam aus Ostasien über Persien in den Westen, als extrem seltene und teure Spezialität. Der süße Zuckerrohrsaft wurde als Medizin gesehen und in Apotheken abgegeben, zu entsprechenden Preisen.

Im 6. Jahrhundert nach Christus gelang es den Persern dann, den Pflanzensaft haltbarer und leichter transportierbar zu machen, oder besser gesagt: seine süße Essenz. Der Zuckerrohrsaft wurde erhitzt, mit Klärmitteln versehen und dann in Tonkegel gefüllt. An der Spitze dieser Kegel kristallisierte der reine Zucker aus – der Zuckerhut war erfunden. Mit den Kreuzfahrern erreichte diese Spezialität des Orients schließlich auch Europa. Im Hochmittelalter konnte man den Zucker als *sal indicum*, also unter dem Namen „indisches Salz", in Apotheken kaufen, zu unverschämten Preisen. Wer sich Zucker leisten konnte, musste eine hochgestellte Persönlichkeit sein, fürs Volk blieb der Honig. Daher findet man in mittelalterlichen Städten auch häufig Lebzelterhäuser – Lebkuchen ist ja ein Honiggebäck –, aber keine Zuckerbäckereien.

Die Gier auf Zucker nahm dennoch in weiten Kreisen überhand und konnte so groß werden, dass auch die gesundheitlichen Folgen hingenommen wurden. So wurde es in der besseren Gesellschaft bald Mode, schwarze Zähne zu haben. Denn diese zeugten davon, dass man sich den kostspieligen Zuckergenuss auch leisten konnte. Weiße, gesunde Zähne hatten die armen Leute. Auch der französische „Sonnenkönig" Ludwig XIV. war dem Zucker so sehr verfallen, dass er ab dem 40. Lebensjahr keine eigenen Zähne mehr hatte, sein Leibarzt musste ihm in diesem Alter die kläglichen verbliebenen Reste ziehen. Gestorben ist der König kurz vor seinem 77. Geburtstag – an durch Zuckerkrankheit verursachter Gewebsnekrose.

Für diesen übermäßigen Zuckerkonsum und auch für die Mode des schicken schwarzen Zahnes brauchte es jedoch deutlich mehr Zucker, als über die alten Handelswege aus Ostasien geliefert werden konnte. Die entscheidende Wendung kam hier – wie bei Mais, Kartoffeln und Tabak – mit der Entdeckung Amerikas. Denn das Zuckerrohr kam zwar ursprünglich aus Asien, die Neue Welt bot aber ideale Wachstumsbedingungen für die lukrativen Pflanzen. Nur eines fehlte: die Arbeitskräfte, um die vor allem in der Karibik neu gegründeten Plantagen zu betreiben.

Hier beginnt nun das dunkelste Kapitel in der Geschichte des Zuckers. Denn die Arbeiter auf den Zuckerrohrplantagen kamen nicht aus Europa, es waren auch nicht die Ureinwohner des amerikanischen Kontinents, sondern man holte Sklaven aus Afrika. Zwölf Millionen Menschen wurden in den Jahrhunderten des neuzeitlichen Sklavenhandels verschleppt, verkauft und nach Amerika verschifft. Zehn Millionen davon, also mehr als 80 Prozent, landeten auf Zuckerrohrplantagen in der Karibik und in

Brasilien. Das sind rund 30-mal so viele, wie für den Baumwollanbau in den amerikanischen Südstaaten verkauft wurden. Dass wir heute von „Afroamerikanern" sprechen – sie machen derzeit etwa ein Achtel der Bevölkerung der USA aus –, liegt in seinem Ursprung darin begründet, dass die Europäer lange Zeit jeden Preis für ihren Zucker gezahlt haben. Bis der Industriezucker erfunden wurde, kostete ein Kilo Zucker so viel wie 100 Kilo Weizen. Wer eine Plantage mit den darauf schuftenden Menschen sein Eigen nannte, wurde zum buchstäblichen „Zuckerbaron".

Die Wende in dieser Profitabilität – und zeitlich auch die Wende im Sklavenhandel – kam mit einer Erfindung aus Deutschland. Der Chemiker Franz Carl Achard fand im frühen 19. Jahrhundert eine Methode, wie man aus Rüben Zucker gewinnen konnte. In Schlesien entstand die erste Rübenzuckerfabrik der Welt und machte den Zuckerrohrproduzenten jenseits der Meere bald große Konkurrenz. Denn Europa war nun autark in seiner Zuckerproduktion. Und die Preise fielen.

Heute stammen aber immer noch rund 80 Prozent der weltweiten Zuckerproduktion aus Zuckerrohr, die restlichen 20 Prozent sind Rübenzucker. Wurden im Jahr 1800 weltweit noch etwa 200.000 Tonnen Zucker hergestellt, waren es zuletzt 173 Millionen Tonnen. Das ist also beinahe das 1000-fache. Aber nicht nur die Zuckerproduktion, auch der Zuckerkonsum ist in den letzten 200 Jahren durch die Decke gegangen: Heute konsumiert man in Österreich pro Kopf und Jahr 38 Kilo Zucker. Heruntergerechnet auf den Tag heißt das: Österreicherinnen und Österreicher nehmen pro Tag 35 Stück Würfelzucker zu sich. Das wenigste davon allerdings bewusst und aus der Zuckerdose, das meiste konsumieren wir über Fertiggerichte und Softdrinks, aber Zucker ist mittlerweile fast überall enthalten. Süße Zeiten – mit oft bitteren gesundheitlich Folgen. Ludwig XIV. lässt grüßen.

Der große Reiz des schnellen Essens

Lange Zeit ging es bei der Ernährung der Menschen in erster Linie um Verfügbarkeit. Entscheidend war, ob man überhaupt etwas zu essen hatte. Wie rasch es zubereitet war und wie schnell konsumiert, war in den meisten Perioden der Menschheitsgeschichte zweitrangig. Zwar fand man auch in antiken Städten das, was man heute „Gassenlokale" nennen würde. In Ostia bei Rom stehen heute noch Häuser aus der damaligen Zeit, und bei den Tavernen sieht man die Vorrichtungen für den Straßenverkauf. Aber Rom war im 1. Jahrhundert nach Christus auch eine Millionenstadt, und zwar die einzige auf der Welt.

Der Grundsatz, dass Zeit Geld ist und dies auch für die Nahrungsaufnahme gilt, kam erst mit der Industrialisierung auf. Wenn Mittagspausen in Firmen heutzutage auf eine halbe Stunde beschränkt sind, dann liegt das an der kapitalistischen Logik: Die teuren Maschinen müssen durchgehend in Betrieb bleiben. Der Genuss, die Entspannung, das Gesellige, das ein Mahl auch darstellen könnte, kommen in so einem Zeitkorsett unter die Räder. Schneller essen, um schneller wieder bei der Arbeit zu sein, lautet die Kantinen-Devise. Und für einen Gastronomiezweig wurde dieses Prinzip sogar zum Charakteristikum: Fastfood-Ketten versprechen schnelle Nahrung, Sättigung im Rekordtempo, zum günstigen Preis.

Begonnen hat das vor einem Dreivierteljahrhundert. Am 20. Dezember 1948 hatten die beiden Brüder Dick und Mac McDonald ihr Burgerrestaurant in San Bernardino, Kalifornien, völlig neu organisiert: Ab diesem Tag gab es alles nur mehr in Selbstbedienung, die Leute kamen zum Essen und nicht das Essen zu ihnen, das teure Servicepersonal wurde durch billige Abräumhilfen und Reinigungspersonal ersetzt. Außerdem wurde die Zubereitung der Burger rationalisiert. Was Henry Ford in der Automobilindustrie vorgeführt hatte, machten die McDonalds-Brüder in der

Gastronomie nach: Genau vorgeschriebene Handgriffe mit exakt vorbereiteten Zutaten, Effektivität als oberster Grundsatz. Die Folge: Man konnte die Produkte viel billiger anbieten. Dieses *Speedy-Burger-System*, so nannten sie es, wurde rasch ein Riesenerfolg.

Als ein Küchenmaschinen-Vertreter namens Ray Kroc dieses neue Erfolgsrezept mitbekam – die McDonalds-Brüder hatten ihm einen erstaunlich großen Auftrag für seine Milchshake-Mixer erteilt –, erkannte er rasch die viel größeren wirtschaftlichen Möglichkeiten: Er bot den beiden Brüdern an, in ihr Geschäft einzusteigen – und er wurde reich damit. Dick und Mac McDonald auch, aber deutlich weniger. Denn als das *Speedy-Burger-System* so richtig zu laufen begann, Anfang der 1960er-Jahre, ließen sie sich ihre Lizenz am Namen und an der Idee von Ray Kroc ablösen und ausbezahlen. 2,7 Millionen Dollar bekamen sie dafür, das war für die damalige Zeit eine ordentliche Menge Geld. Hätten sie aber den alten Vertrag behalten, hätten sie alleine in den letzten Jahren 180 Millionen Dollar bekommen, und zwar jährlich. Die McDonalds wurden mit ihrer Idee zwar Millionäre, das hatten sie sich auch von Beginn an zum Ziel gesetzt, wie Dick McDonald später in Interviews erzählte. Ray Kroc wurde allerdings Milliardär. Und die Idee von Fast Food wurde zum perfekten Spiegelbild der modernen Gesellschaft: normiert, rationalisiert, globalisiert.

Alleine der McDonalds-Konzern hat 2023 mit mehr als 40.000 Restaurants weltweit mehr als sechs Milliarden Dollar Gewinn gemacht. Das schnelle, billige Essen ist ein Riesengeschäft geworden: McDonalds-Restaurants beschäftigen weltweit 1,8 Millionen Menschen. Dafür hat sich die Bezeichnung „McJobs“ entwickelt: Arbeitsplätze, die häufig so schlecht bezahlt sind, dass ein einzelner nicht reicht, um das Leben zu finanzieren.

Nicht viel kleiner und ebenso sparsam bei den Ausgaben sind die anderen Großen der lukrativen Branche. Burger King hat eine halbe Million Angestellte in knapp 20.000 Restaurants, Kentucky Fried Chicken betreibt 24.000 Lokale und Subway 37.000. Diese vier US-amerikanischen Ketten dominieren den Fast-Food-Markt, und der ist vor allem in ihrem Heimatland riesig. Das Vorurteil, dass die Amerikaner gerne Fast Food essen, lässt sich nämlich mit einer ganzen Reihe von Statistiken belegen: Rund ein Drittel der US-Bürger nimmt täglich Fast Food zu sich, einen Burger, ein Subway Sandwich oder Hühner-Nuggets von KFC. Je jünger die Amerikanerinnen und Amerikaner sind, desto mehr greifen sie zu Burger und Co.: Während bei den Über-60-Jährigen nur ein Viertel zumindest einmal am Tag im Fast-Food-Laden isst, sind es bei den jungen US-Amerikanern, den Unter-30-Jährigen, fast 50 Prozent, also jeder Zweite.

Die Folgen sieht man dann auf der Waage, und dort hat man sie ebenfalls genau vermessen: Der Durchschnittsamerikaner nimmt alle zehn Jahre im Schnitt 4,2 Kilogramm zu. Zwei Drittel der US-amerikanischen Bevölkerung leiden heute unter Übergewicht, das ist unter anderem eine Folge der Ernährungsgewohnheiten. In Österreich sind es ebenfalls schon knapp 50 Prozent. Das ist auch zu viel, aber eben noch deutlich weniger.

Im Durchschnitt sind erwachsene Menschen in Amerika um acht Kilo schwerer als in Österreich – und das, obwohl sie durchschnittlich um zwei Zentimeter kleiner sind. Besonders groß ist der Unterschied bei den Frauen: Amerikanerinnen sind im Durchschnitt vier Zentimeter kleiner als Österreicherinnen, sie messen nur 163 Zentimeter statt 167 Zentimeter wie bei uns. Frauen in den USA wiegen aber mit 76,4 Kilo über zehn Kilo mehr als die Durchschnittsfrau in Österreich. Damit liegt die durchschnittliche Amerikanerin nicht mehr weit vom österreichischen Mann entfernt: Der wiegt im Schnitt 83 Kilogramm, allerdings bei einer Größe von 178 Zentimetern. Wobei auch die Österreicher im Vergleich zu ihren Großeltern ordentlich zugelegt haben. Für frühere Zeiten gibt es nur wenige Statistiken, mit einer Ausnahme: Als die Soldaten aus dem Zweiten Weltkrieg zurückkamen, wogen sie laut damaligen Erhebungen nur rund 50 Kilo – 33 Kilo weniger als heute. Allerdings waren das auch Zeiten extremen Hungers.

Seither hat man sich auch hierzulande wieder hinaufgefuttert. Die heimische Gewichtszunahme kommt aber vor allem vom äußerst reichhaltigen „normalen“ Essen und viel weniger vom Fast food. Der Marktanteil der Schnellrestaurantketten an der heimischen Gastronomie ist zuletzt sogar leicht gesunken und macht jetzt nur mehr sieben Prozent des Gesamtumsatzes aus.

Warum Wein gesünder als Wasser war

Dass der Mensch regelmäßig zu essen hat, ist wichtig. Dass er zu trinken hat, ist aber noch viel wichtiger. Ohne Essen kann man durchschnittlich einen Monat überleben, in extremen Fällen auch eineinhalb, sagt die Wissenschaft. Ohne zu trinken, stirbt man nach spätestens fünf Tagen. Körperliche Schäden können sogar schon nach fünf Stunden ohne Flüssigkeit entstehen.

Ohne sauberes Wasser gibt es keine überlebensfähige Gesellschaft. Eine ordentliche und ausreichende Versorgung vor allem mit Wasser ist also unabdingbar für alle Siedlungen, in denen Menschen leben. Zugleich wird sie immer schwieriger, je mehr Menschen an einem Ort wohnen.

In Wien war der entscheidende Wendepunkt der 24. Oktober 1873. An diesem Tag wurde am Wiener Schwarzenbergplatz die Hochquellen-Wasserleitung offiziell eröffnet, von Kaiser Franz Joseph höchstpersönlich. Es geschah auch mit passender Symbolik, nämlich durch die Inbetriebnahme des dortigen Hochstrahlbrunnens. Heute versteckt man dahinter in der warmen Jahreszeit, nachts bunt beleuchtet, das sogenannte Russendenkmal der Roten Armee. Damals war eine Fontäne reinsten Alpenquellwassers mitten in Wien ein Zeichen unerhörten Überflusses.

Die Idee, dass man eine Millionenstadt mit Wasser aus weit entfernten Bergen versorgt, durch 100 Kilometer an Tunneln und Aquädukten, hatten zwar schon die Römer gehabt. Aber ein weiteres Mal umgesetzt haben sie gut anderthalb Jahrtausende später erst wieder die Wiener. 1869 hatte man mit dem Bau begonnen, nachdem der Kaiser sein „Kaiserbründl" im niederösterreichischen Höllental der Stadt Wien geschenkt hatte. Nach nur vier Jahren Bauzeit war man im Herbst 1873 tatsächlich fertig. 95 Kilometer an Wasserleitungen durchs Gebirge waren eine technische Meisterleistung. Man kann auch sagen: Die Fertigstellung kam rasch, sie kam aber auch keinen Monat zu früh. Denn noch im Sommer 1873 hatte eine Choleraepidemie mit fast 3000 Toten in Wien gewütet und fast die damals stattfindende Weltausstellung gesprengt. Der Grund für diese und viele vorangegangene Epidemien war verunreinigtes Wasser. In den großen Städten der damaligen Zeit stand stets viel zu wenig sauberes Wasser zur Verfügung, denn durch das immense Bevölkerungswachstum im 19. Jahrhundert kam das alte System der Hausbrunnen bald an seine Grenzen. Wien hatte um 1800 rund 200.000 Einwohner, 100 Jahre später waren es mehr als zwei Millionen. Vor allem das Kanalisationssystem konnte mit dieser Entwicklung nicht Schritt halten. Zwar gab es in der Innenstadt schon seit dem Jahr 1739 eine Kanalisation – Wien war damals die erste Stadt Europas, in der alle Gebäude an den Kanal angeschlossen waren –, allerdings galt das nur für das Stadtzentrum, den heutigen Bezirk Innere Stadt.

In den Vorstädten und Vororten gab es noch 100 Jahre später kaum Kanäle, man richtete Sickergruben ein – oder leitete die Abwässer gleich in die Wienerwaldbäche oder in den Wienfluss. Die Folge waren regelmäßig auftretende Seuchen, vor allem Choleraausbrüche gab es immer wieder. Die Entscheidung des Magistrats, die Bäche und streckenweise auch den Wienfluss zu überbauen, versteckte das Problem zwar erfolgreich, aber beseitigte es nicht. Es brauchte frisches, sauberes Wasser für die Stadt – und das kam in größerem Ausmaß erst durch die Leitung aus dem Raxgebiet nach Wien, die man damals „Kaiser-Franz-Joseph-Hochquellenleitung" nannte.

Wer davor in einer Stadt lebte, arbeitete, aß, trank und dennoch gesund bleiben wollte, dem blieb meist nur eine Wahl: Wasser meiden und stattdessen Bier oder Wein trinken – wenn man es sich denn leisten konnte. Einen kleinen Schwips nahm man wohlwollend in Kauf, wobei es sich ohnehin oft um einen sehr kleinen handelte. Der Alkoholgehalt damaliger Getränke lag weit unter den heutigen Werten: Bier hat heutzutage meist zwischen fünf und sechs Prozent Alkoholgehalt. Früher waren es manchmal bis zu drei Prozent, meistens aber nur 0,7 bis 1,5 Prozent. Das ist nah dran an dem, was man heute alkoholfreies Bier nennt. Denn das darf bis zu 0,5 Prozent Alkohol enthalten. Man musste also schon recht viel trinken, um rauschig zu werden.

Wein hatte damals wie heute einen höheren Alkoholgehalt. Aber auch der lag nur bei der Hälfte dessen, was inzwischen üblich ist: Mit fünf bis sieben Prozent Alkohol pro Liter lag man ziemlich genau dort, was heute im sogenannten G'spritzten serviert wird.

Wie viel Bier und Wein getrunken wurde, sieht man auch an der Zahl der Mitte des 19. Jahrhunderts in Betrieb befindlichen Brauereien: Rund 1000 größere gewerbliche Betriebe zählte man im Gebiet des heutigen Österreich. Bis zum Jahr 1980 war ihre Anzahl auf 50 gefallen. In den vergangenen Jahrzehnten haben der Craftbier-Trend und der Boom von Wirtshausbrauereien zu mittlerweile wieder mehr als 300 registrierten Braustätten geführt. Der heutige heimische Bierkonsum von rund 100 Liter Bier pro Kopf und Jahr mutet allerdings gering an, wenn man ihn mit Zahlen von früher vergleicht: Für Hamburg wird im Spätmittelalter ein Pro-Kopf-Bierverbrauch von bis zu 1000 Litern im Jahr dokumentiert. Und pro Kopf ist wörtlich gemeint: Eine Biersuppe zum Frühstück gab man damals auch kleinen Kindern, sie war ja nahrhaft und einfacher verfügbar als sauberes Wasser.

Der Griff zur Flasche oder zum Glas statt zum Wasserkrug oder -kübel – Wasserhähne verbreiteten sich erst mit dem Leitungsbau –

hatte über Jahrhunderte hinweg also gesundheitlich durchaus Sinn. Noch dazu, wo der Alkohol auch eine desinfizierende Wirkung hat. Wein kann zwar brechen und essigsauer werden, aber bevor er gesundheitsgefährdend wird, schmeckt er sowieso übel und wird weggeschüttet.

Die Ausrede, dass Wein rein aus hygienischen Gründen konsumiert wird, fiel in Wien aber mit dem Leitungsbau weg – zumindest zeitweise: Das Kaiserbründl gab vor allem im Winter zu wenig Wasser für die stetig wachsende Stadt. Man erweiterte die Leitung also laufend um neue Brunnen. 1910 wurde die zweite Wiener Hochquellenleitung, diesmal aus dem steirischen Hochschwabgebiet, eröffnet. Seit damals gibt es für alle Wienerinnen und Wiener ausreichend gutes, frisches Leitungswasser. Auch diese Leitung war übrigens ein technisches Meisterstück: Sie misst 183 Kilometer – mit stetigem Gefälle – bis nach Wien.

Erstaunlicherweise haben all diese Leitungen bis heute überdauert, und das, obwohl es zum Ende des Zweiten Weltkriegs einmal richtig knapp wurde: Im April 1945 wollte die zurückweichende SS neben Brücken, Kraftwerken und Sendeanlagen auch die Wiener Hochquellenleitung sprengen. Ein Lagerverwalter der Wasserwerke namens Josef Smetana konnte dies verhindern. Es gelang ihm, dem kommandierenden Offizier einzureden, dass der Sprengung eine gewaltige Flutwelle folgen würde und dass in dieser Flut alle beteiligten Soldaten ertrinken würden. Der SS-Kommandant glaubte diese Lüge und ließ seine Männer ohne Sprengung abrücken. Die Stadt Wien konnte, nach kleineren Reparaturen, bereits im Sommer 1945 wieder alle Haushalte mit ihrem berühmten Leitungswasser versorgen. Bis zu einer offiziellen Ehrung des fantasievollen Josef Smetana aus Wien-Ottakring hat es allerdings fast 20 Jahre gedauert.

Vom täglichen Brot und klappernden Mühlen am rauschenden Bach

Wasser ist nicht nur als lebensnotwendiges Nahrungsmittel von großer Bedeutung für die Geschichte des Menschen, sondern auch als Energiequelle. Vor allem in früheren Zeiten. Das Wasserrad trieb Mühlen und Hammerwerke an und damit die ersten technisch komplexen Betriebe, die im ganzen Land gebaut wurden. Hätte es etwa die Mühlen nicht gegeben, hätte auch das tägliche Brot gefehlt. Doch es gab sie tatsächlich reichlich – und in allen Gegenden.

Es gab vor rund 150 Jahren im heutigen Österreich rund 1000 Brauereien (siehe S. 30, *Warum Wein gesünder war als Wasser*). Zur selben Zeit waren hierzulande aber auch mehr als 10.000 Mühlen in Betrieb. Heute haben Fortschritt und Wettbewerb ihre Zahl auf nur mehr knapp 100 reduziert.

Die technische Entwicklung stand aber auch am Beginn ihres großen Aufschwungs. Anfangs hat der Mensch sein Getreide noch von Hand zerstoßen, jede Familie ausschließlich für ihren Eigenbedarf. In jedem Haus gab es den dazu benötigten Mörser, archäologische Ausgrabungen zeugen davon. Später, auch schon in der Antike, gab es Wind- und Wassermühlen. Spätestens seit dem Mittelalter konnte man diese dann in ganz Europa finden. Sie waren aufwendige technische Anlagen und setzten eine entwickelte und einigermaßen stabile Gesellschaft voraus. Mühlen errichtete nur, wer sich sicher sein konnte, dass sie nicht rasch wieder zerstört werden würden – und dass er nicht bald wieder weiterzog.

Um eine Mühle zu bauen und zu betreiben, brauchte man viel Wissen und viel Kapital. Entsprechend strenge Regeln gab es für die Müller und für ihre Kundschaft. So waren alle Bauern eines Gebietes dem sogenannten Mühlenbann oder auch Mahlzwang unterworfen. Dabei handelte es sich um die Verpflichtung der Bauern, ihr Getreide in einer bestimmten Mühle mahlen zu lassen, die meistens dem Grundherrn gehörte. Alles war genau vorgeschrieben, bis hin zu den Regeln, wie in einer Mühle vorgegangen wurde. „Wer zuerst kommt, mahlt zuerst" ist heute ein sehr gebräuchliches Sprichwort. Ursprünglich stammt es aus dem *Sachsenspiegel*, der ältesten germanischen Rechtssammlung aus dem 13. Jahrhundert. Diese spezielle Regel sollte dafür sorgen, dass in einer Mühle kein Streit und kein Konflikt darüber ausbrach, wessen Korn zuerst verarbeitet wurde. Denn solche Auseinandersetzungen wollte man tunlichst vermeiden. In einem derartigen technischen Wunderwerk, wie es eine Mühle für die damalige Welt darstellte, durfte schließlich auf keinen Fall etwas beschädigt werden. Es gab daher auch den sogenannten „Mühlenfrieden", analog zum Kirchenasyl: Ein Übeltäter, der in eine Mühle geflüchtet war, durfte nicht mit Gewalt herausgeholt werden – denn dabei hätte etwas kaputtgehen können.

Müller konnten übrigens auch an Feiertagen oder Sonntagen arbeiten, das durfte aus religiösen Gründen sonst niemand. Doch der Betrieb der Mühle ging vor. Mühle und Müller hatten also Privilegien, aber sie mussten auch einiges an Nachteilen ertragen. So war Müller keiner der sogenannten ehrbaren Berufe, wie Henker oder Abdecker standen sie außerhalb der dörflichen Gemeinschaft. Das konnte zum Beispiel bedeuten, dass die Heirat mit einer Müllerstochter für einen Handwerker einer „ehrbaren Zunft" mit dem Ausschluss aus seiner Berufsgenossenschaft endete. Es war auch in vielen Orten nicht erlaubt, dass Müllermeister Ratsposten übernehmen durften. Der schlechte Ruf der Müller bildete sich noch in den Erzählungen der Romantik ab: Im Liedzyklus *Die schöne Müllerin* von Franz Schubert heiratet die junge Müllerstochter nicht den in sie verliebten Müllergesellen, sondern den Jäger. Eben weil der gesellschaftlich deutlich höher stand.

Diese „Randständigkeit" der Müller hatte zusätzlich auch einen rein geografischen Grund: Mühlen lagen meist außerhalb des

Dorfes. Im Tal, am Bach, wenn es Wassermühlen waren, oben am Berg, wenn es sich um Windmühlen handelte. Das machte die dort Lebenden schon einmal verdächtig, denn das hieß weniger soziale Kontrolle. Wer örtlich außerhalb der Dorfgemeinschaft lebte, gehörte auch nicht so ganz dazu. In Märchen spiegelt sich das ebenfalls wieder: Mühlen sind in diesen Volkserzählungen oft zwielichtige Orte, die „Teufelsmühlen" kommen in vielen Sagensammlungen vor.

Ein weiterer Grund für die Skepsis gegenüber dem Müllerstand lag in seiner häufigen regionalen Monopolstellung. So konnten Bauern nur schwer kontrollieren, ob sie der Müller beim Mahlen ihres Getreides betrog, ob er nicht zu viel für sich und den Grundherrn abzog. Kam man mit fünf Säcken Korn hin und fuhr mit einem Sack Mehl wieder heim, konnte jedenfalls etwas nicht stimmen … Ihre Verfügungsgewalt über das für viele Menschen lebensnotwendige Mehl hat die Müller also gelegentlich wohlhabend, aber nicht gerade beliebt gemacht.

Die wohl wichtigste Ursache für die fehlende „Ehrbarkeit" der Müller war aber eine andere: Sie durften im Kriegsfall nicht eingezogen werden, im Gegensatz zu den Bauern. Zu wichtig war der Obrigkeit ihr technisches Verständnis, als dass man sie mit Knüppeln, Beilen und Morgensternen in einen Kampf geschickt hätte. Diese Befreiung von der Wehrpflicht führte dazu, dass sie in der mittelalterlichen Gesellschaft als nicht vollwertig angesehen wurden. Misstrauen und Vorurteile hielten sich lange.

Dieses Misstrauen galt übrigens auch der anderen Berufsgruppe, die mit der Herstellung des Brotes befasst war: Die Bäcker wurden ebenfalls oft skeptisch gesehen. Gaben sie genügend vom wertvollen Mehl in ihre Brote? Oder kam neben dem Weizen auch ein wenig Spreu dazu? Waren die Brote groß genug, schwer genug – oder wurden die Kunden beim Backen betrogen? Die Bäcker waren daher der einzige Berufstand, für den es eine eigene Strafe gab: Das „Bäckerschupfen" drohte ihnen seit dem Mittelalter bis zum 18. Jahrhundert immer dann, wenn ihnen ein Vergehen zur Last gelegt wurde. Sie wurden erst an den Pranger gestellt und dann in einem „Schandkorb" mehrmals ins Wasser oder auch in Jauche getaucht. Häufig wurden sie dabei auch mit Steinen beworfen. Denn die Wut und Rachsucht der – vermeintlich – Betrogenen war stets groß. Das hing auch mit der Bedeutung des Produktes zusammen, für das Müller und Bäcker zuständig waren.

Vorformen von Brot gab es schon in der Altsteinzeit, die damaligen Jäger- und Sammlergesellschaften machten die gefundenen Getreidekörner durch Mahlen, Wässern und Backen genießbar. Sogar in Neandertaler-Fundstätten hat man Spuren von zuvor erhitzter Wildgerste entdeckt. Als dann in der Jungsteinzeit der Übergang zu Sesshaftigkeit und Landwirtschaft erfolgte, waren Getreide und Brot die entscheidenden Neuerungen. Anfangs wurde gemahlener Getreidebrei auf heißen Steinen erhitzt, ähnlich wie heute Fladenbrot. Später baute man Backöfen, in denen die Hitze den ganzen Teig umschloss und deren Endprodukt den heutigen Broten schon recht ähnlich war. Brot wurde zum Nahrungsmittel Nummer eins – und es wurde zum Synonym schlechthin für Nahrung. Jesus brach das Brot mit seinen Jüngern, im Vaterunser heißt es: „Unser tägliches Brot gib uns heute" – und die römischen Eliten hielten ihr Volk mit *Panem et circenses* bei Laune, mit Brot und Spielen. Sie hatten davon schließlich ausreichend: Die größte römische Bäckerei konnte damals 36.000 Kilo Brot am Tag herstellen, alles im Handbetrieb.

Zum Vergleich: Die Wiener Ankerbrot-Bäckerei produziert momentan 120 Tonnen Brot am Tag. Und wir essen es gerne: Der Verbrauch an Brot und Gebäck liegt in Österreich bei über 50 Kilogramm pro Person und Jahr, ähnlich wie in Deutschland. Deutlich mehr Brot wird in arabischen Ländern oder der Türkei gegessen, wesentlich weniger bisher in Ostasien. Aber auch dort sinkt der Reisverbrauch und steigt der Brotkonsum an: Südkoreaner geben mittlerweile aufs Jahr gerechnet doppelt so viel Geld für Backwaren aus als Deutsche.

Die Nudeln kommen nicht aus China

Im Bereich der Nahrungsmittel und ihrer Herkunft gibt es so viele Legenden, dass manchmal schon die Widerlegung ebendieser legendär wurde. Nein, das Wiener Schnitzel stammt nicht aus Wien. Und nein, es ist auch nicht vom Feldmarschall Radetzky nach einem Italienfeldzug als „Kriegsbeute" mitgebracht worden, durch rücksichtslose Eingemeindung der *Cotoletta alla Milanese*. In der Tat hatten bereits die Mauren in Andalusien ein ähnliches Gericht, und zwar bereits im 12. Jahrhundert. Außerdem war in Wien das Ausbacken von Fleisch in der bekannten Panier laut zeitgenössischen Kochbüchern schon im 18. Jahrhundert gang und gäbe, also 100 Jahre vor Radetzkys Reise.

Auch die Frankfurter Würstel kommen nicht aus Frankfurt, sondern nur der Fleischhacker, der sie 1805 erstmals in Wien hergestellt hat, ein gewisser Johann Georg Lahner. Seine Erfindung hat ihm Geld, Glück und ein langes Leben beschert, gestorben ist er nämlich 1875, im hohen Alter von 104 Jahren. Begraben wurde er in Wien, am Zentralfriedhof. In seiner Geburtsstadt Frankfurt heißen die Würstchen übrigens Wiener, wie auch im gesamten Rest der Welt.

Der Hamburger hat ebenfalls mit Hamburg nichts zu tun. Oder nur so viel, als Auswanderer dort wohl ein *Fleischlaberl* oder – wie man in Hamburg sagt – eine Hackfleischfrikadelle kennengelernt haben, die sie später in Amerika zwischen zwei Brötchenhälften legten. Das wurde dort rasch ein Erfolg.

Manche Legenden stimmen dagegen schon: Die Pizza kommt tatsächlich aus Neapel. Die erste klassische Pizza hat am 11. Juni 1889 der Koch Raffaele Esposito hergestellt, für König Umberto I. und seine Frau Margherita. Es war, erraten, eine Pizza Margherita, mit ihr begann der Siegeslauf des heißen Teigfladens. Weil sie dem damals noch neuen italienischen Königshaus gewidmet war, trug sie die Nationalfarben: Rot waren die Tomaten, weiß der Mozzarella und grün das Basilikum. Eigentlich war die Pizza ein

Arme-Leute-Essen, zumindest vor ihrer Nobilitierung durch den König, aber sehr schmackhaft. Wie so vieles in der italienischen Küche – nicht umsonst wird diese in Umfragen immer wieder als die beliebteste der Welt bezeichnet. Am meisten geschätzt sind dabei die Nudelgerichte. Und die Legende über deren Ursprung hält sich am hartnäckigsten. Daher gleich in aller Deutlichkeit: Nein, sie wurden nicht von Marco Polo nach Italien gebracht, obwohl das viele glauben.

Marco Polo war zweifellos eine bedeutende Persönlichkeit, auch wenn das seine Nachbarn nicht glauben wollten, als er vor über 700 Jahren, am 8. Jänner 1324, in Venedig gestorben ist. Sie hielten ihn schlicht für einen Aufschneider. Sein Vater und Onkel waren venezianische Adelige und Kaufleute, die sich auf den Orienthandel spezialisiert hatten. Auf diesen Reisen waren sie bereits an den Hof des Kublai Khan gekommen, der Mitte des 13. Jahrhunderts ein riesiges mongolisches Reich zwischen dem Chinesischen Meer und Osteuropa beherrschte. Vom Khan waren sie dazu aufgefordert worden, Kontakt zum Papst in Rom herzustellen. Und auf diese Reise – mit dem Segen des Papstes sozusagen – nahmen sie den damals erst 17-jährigen Marco mit.

Diese Chinareisen waren mehrjährige Expeditionen mit höchst unklarem Ausgang. Marco Polos Orientfahrt begann 1271 in Akkon, der letzten Kreuzfahrerstadt im Nahen Osten. Akkon liegt in der Nähe des heutigen Haifa im Norden von Israel. Von dort ging es über das heutige Syrien, die Türkei, die Kaukasusstaaten und dann immer weiter nördlich des Himalaya entlang nach China. Heute sagt man Seidenstraße zu dieser Route. Nur dass es zu Marco Polos Zeiten vier Jahre gedauert hat, bis man über Berge und durch Wüsten in China angelangt war. Erst im Jahr 1275 war die Reisegesellschaft am Hof des Kublai Khan angekommen, im heutigen Shangdu, damals Xanadu.

Wer in den 1980er Jahren jung war, erinnert sich vielleicht noch an einen Nummer-Eins-Hit von Olivia Newton John: „Xanadu" hieß der Song und handelte von einem atemberaubenden Traumort. Ein bisschen so muss es für die Neuankömmlinge aus Europa auch gewirkt haben: Kublai Khan war der Enkel des legendären Dschingis Khan. Er war Großkhan der Mongolen und damit der Herrscher über ein Reich von China über das Schwarze Meer bis in den Norden des heutigen Rumänien. Dieses Mongolenreich war territorial das größte Reich, das es jemals gegeben hat. Entsprechend reich war man in Xanadu und später in Peking, wohin Kublai Khan seine Residenz verlegt hatte.

Der junge Marco Polo jedenfalls muss Eindruck auf ihn gemacht haben. Denn der Großkhan ernannte ihn zum Präfekten, das war eine Staatsfunktion irgendwo zwischen hohem Beamten und Diplomaten. Marco Polo blieb dann fast 20 Jahre in China. 1291 begleitete er schließlich eine Tochter des Khans zu ihrer Hochzeit in Persien. Von dort, an der Schwelle zum europäischen Einflussbereich, machte er sich auf den Weg zurück nach Venedig. Auch diese Reise dauerte vier Jahre, 1295 war er zurück an seinem Ausgangspunkt, mittlerweile ein Mann Anfang 40 und kein Jüngling mehr. Es war auch keine Rückkehr im Triumph. Denn mit seinen Erzählungen vom Ruhm und Glanz des Kublai Khan muss er seinen Zeitgenossen ziemlich auf die Nerven gegangen sein. Man hielt ihn für einen Aufschneider, und seine Berichte wären wohl vergessen worden, wäre er nicht ins Gefängnis gekommen.

Er hatte auf venezianischer Seite an einem Krieg mit Genua teilgenommen und war dabei gefangen genommen worden. Diese Zwangspause in genuesischer Haft wurde zum Ursprung seines heutigen Weltruhms. Denn die Zelle teilte er sich mit einem damals bekannten Verfasser von Ritterromanen, mit Rustichello da Pisa. Dieser ließ sich Marco Polos Reiseerinnerungen erzählen – und verfasste einen Welt-Bestseller. Zumindest in Mittelalter-Dimensionen: Allein 150 Handschriften des Werkes sind heute noch erhalten. Nach Erfindung des Buchdrucks war es eines der ersten gedruckten Bücher. Auch Christoph Columbus hatte das Buch über China bei der Reise nach Amerika an Bord, als eine

Art Reiseführer, und bis heute sind diese Erzählungen eine wichtige historische Quelle über China.

Mit den Nudeln hatte Marco Polo aber nichts zu tun. Die Chinesen haben damals diese Art von Nahrungsmitteln zwar produziert und gegessen, das stimmt. Richtig ist auch, dass man in China schon 2000 vor Christus Nudeln erzeugte. Bei Ausgrabungen am Gelben Fluss fand man Nudeln aus dieser Zeit, die modernen Spaghetti glichen. Aber auch im alten Rom kannte man bereits die Nudel. Der römische Dichter Horaz schrieb über *Tracta*, lange Bandnudeln, die den heutigen Tagliatelle entsprechen. Das von Cato erwähnte Gericht *Lagana* heißt heute Lasagne und wird seit der Antike gleich zubereitet.

KAPITEL 2:

DEVICES, GADGETS, APPS – DIE GESCHICHTE DER MODERNEN WERKZEUGE

Was macht den Menschen aus? Mitgefühl, Einfühlungsvermögen, die Bereitschaft, in einer Gemeinschaft zu leben? Oder ist es sein Geist? Seine Fähigkeit, zu denken und Schlussfolgerungen zu ziehen? Die Welt in abstrakten Begriffen zu beschreiben, Erkenntnis wahrzunehmen und Wissen abzuspeichern, während Tiere ihren Instinkten folgen? Macht die Sprache den Menschen aus?

Die Psychologie, die Philosophie und die Soziologie haben jeweils sehr unterschiedliche Kriterien dafür, was das Menschsein beschreibt. Die Anthropologie, die Wissenschaft von der Entwicklung der Menschheit, definiert sie dagegen mithilfe sehr einfacher Merkmale. Eines davon ist: Den Menschen macht sein Werkzeug aus. Der *Homo habilis*, der geschickte Mensch, so lautet die Übersetzung aus dem Lateinischen, ist der Beginn dessen, was wir das menschliche Dasein nennen, in Abgrenzung vom tierischen.

Der *Homo habilis* war vor zwei Millionen Jahren in Afrika daheim, in den Savannen Tansanias und Kenias. Er war etwa einen Meter groß, 35 Kilo schwer, sein Körperbau lässt darauf schließen, dass er bereits im aufrechten Gang unterwegs war. Was ihn aber vor allem von seinen damals noch recht engen Verwandten, den Affen, unterschied, war: Er hat bereits Werkzeuge verwendet. Bei Ausgrabungen wurden Steingeräte gefunden, mit denen er etwa Fleisch vom Knochen trennen oder die harten Schalen von Früchten öffnen konnte. Doch diese Werkzeuge sammelte er nicht einfach irgendwo am Weg auf und verwendet sie dann. Denn dazu sind auch Tiere fähig, etwa wenn Krähen mit Aststückchen nach Beute wie Larven angeln. Die Keilwerkzeuge des *Homo habilis* waren dagegen planvoll hergestellt: spezielle Steine, die gespalten und bearbeitet wurden – der Beginn der „Steinzeit". Es waren also Artefakte, die dem frühen Menschen die Fähigkeit gaben, ein Ziel zu erreichen, das ihm mit seinen körperlichen Möglichkeiten alleine unerreichbar geblieben wäre.

Das ist eine Definition von Werkzeug in der Mediengeschichte: Ein Werkzeug ist all jenes, was die Sinne und Möglichkeiten eines Menschen erweitert. Eine Brille oder ein Feldstecher erweitern sein Sehvermögen, ein Hammer seine punktuelle Kraft. Das Rad erweitert die Möglichkeit, schwere Gegenstände weit und rasch zu transportieren. Und Pfeil und Bogen schaffen es, eine Wirkung an einem Ort zu erzielen, der weit entfernt vom eigenen Standort ist. Die Faszination von Distanzwaffen beruht genau auf diesem Prinzip: Man zieht hier am Abzug – und dort, weit weg, fällt jemand um. Eine Allmacht, die offensichtlich vielen Freude bereitet. Ein Blick auf die vergeblichen Versuche zur Einschränkung des Waffenbesitzes in den USA belegt dies.

Die Macht, die ein Hammer, eine Säge, ein Schraubenzieher verleihen, ist etwas weniger beeindruckend als die Macht einer Pistole oder eines Gewehrs. Aber doch auch sehr befriedigend, wenn diese eingeschränkte Macht im Moment ihrer Anwendung zum Ziel führt. Werkzeuge machen glücklich. Wer (vor allem) Männer vor den einschlägigen Regalen in Fachmärkten oder Bauhäusern betrachtet, wird diese Beobachtung bestätigen: Jede Schlagbohrmaschine scheint wie eine neue Gelegenheit, sich die Natur untertan zu machen.

Steinkeil, Pfeilspitze: Die ersten Werkzeuge waren einfach und vergleichsweise klein. Die Jäger und Sammler der Altsteinzeit waren Nomaden, schweres Gerät war also unpraktisch. Mit dem Sesshaftwerden kam dann auch der Aufschwung der Werkzeuge: erst Hacken, dann Pflüge zur Bearbeitung des Bodens. Aufbewahrungsgefäße aus Keramik, Ziegel für die Städte der ersten Hochkulturen. Waffen. Schließlich das Rad. Der *Homo sapiens*, wörtlich der weise Mensch, wandte seine Intelligenz rasch dem technischen Fortschritt zu.

Und er tut es immer noch, in exponentiellem Wachstum. Im Jahr 2022 wurden 280.000 weltweite Patente angemeldet. Besonders rasch wächst die Erfindungsgabe momentan in Asien: Indien und Korea liegen ganz vorne; rund die Hälfte aller neu angemeldeten Entwicklungen kommt derzeit aus dem asiatischen Raum.

Österreich schlägt sich dabei gar nicht schlecht: Mehr als 10.000 weltweite Patentanmeldungen aus Österreich in diesem Jahr sind eine respektable Zahl. Vor allem, wenn man bedenkt, dass das zehnmal größere Deutschland im selben Zeitraum vergleichsweise bescheidene 37.000 Patente mit weltweiter Geltung angemeldet hat.

Das Gebiet der Erfindungen hat sich natürlich geändert. Webstühle oder Lastkräne finden sich kaum mehr unter den neuen Ideen. Es geht stattdessen in die Bereiche der Nanotechnik, der medizinischen Forschung, der Computertechnologie. Denn jene Werkzeuge, die unser Leben in den letzten Jahrzehnten am nachhaltigsten verändert haben, funktionieren mit Bits und Bytes: Der Computer, das Smartphone, das Internet, die künstliche Intelligenz gestalten die Welt in einem atemberaubenden Tempo neu.

Vieles von dem, was heute selbstverständlich ist, war vor 30, 40 Jahren noch völlig undenkbar. Was damals oft als ferne Vision galt, ist heute Alltag. Der Bereich, der dabei die augenfälligste Entwicklung genommen hat, ist jener der Kommunikation. Die Möglichkeit, zur selben Zeit mit jedem Menschen an jedem Ort kommunizieren zu können, hat die Welt in einem Ausmaß geändert wie nichts zuvor.

In den folgenden Geschichten wird es um diese modernen „Werkzeuge“ gehen, vom Computer bis zur Suchmaschine im Internet, um ihre Entwicklung, um ihre Auswirkungen und um ihre Perspektiven.

Das Ding mit dem Apfel und die Sache mit der Maus

Als Steve Jobs am 30. Jänner 1984 seinen neuen Computer, den Macintosh, vor der Boston Computer Society präsentiert, ist vieles noch anders. Der Chef von Apple ist zu diesem Zeitpunkt ein

Jungunternehmer mit strengem Seitenscheitel, sein Unternehmen ist gerade erst der „Garagenzeit“ entwachsen, als man in privaten Lagerräumen an elektronischen Bauteilen herumbastelte. Und Steve Jobs trägt an diesem Abend bei der Generalversammlung der Computer-Gesellschaft ganz brav Hemd und Krawatte. Der ikonische schwarze Rollkragenpullover, der den Computer-Visionär später auf all seinen Auftritten begleitete, hängt noch daheim im Kleiderkasten. Doch das Gerät, das Jobs an diesem Abend beim Branchentreffen vorstellt, hat es in sich, Visionen inklusive: Der Apple Macintosh 128K revolutioniert sehr rasch den Umgang mit Rechnern.

Er ist das erste einigermaßen leistbare Gerät „mit grafischer Benutzeroberfläche“, wie es so schön technisch heißt. Er ist das erste Gerät mit einer „Maus“. Mit jenem Element also, das die Bedienung des Computers nicht mehr von der Eingabe von Befehlen über die Tastatur abhängig macht. Diese Computermaus ist der entscheidende Schritt in die Vereinfachung und Popularisierung der Rechner, plötzlich muss man nicht mehr Experte mit Fachkenntnis in Programmiersprachen sein, man ist ab diesem Zeitpunkt Anwender von intuitiv zu erfassenden Arbeitsschritten.

128K hieß Apples an diesem Abend vor rund 40 Jahren erstmals präsentierter Computer, weil er auf einen Arbeitsspeicher von 128 Kilobyte zugriff. Dazu konnte man noch einmal 400 Kilobyte Speicherplatz über ein Diskettenlaufwerk abrufen. Nur noch die Älteren unter uns erinnern sich an die *Floppy Disk* – doch sie war bereits ein gewaltiger Fortschritt gegenüber der Speicherung der Programme auf (Musik-)Kassetten-Laufwerken. Denn die waren damals die verbreitetste Form des Magnetbandes, das Speichern auf Audiokassette war im Privatbereich State of the Art. Wer heute einen günstigen Computer für daheim kauft, liegt beim Arbeitsspeicher im Bereich von 16 Gigabyte aufwärts, das ist mehr als das Hunderttausendfache. Beim Festplattenspeicher bewegt man sich heute im Terrabyte-Bereich. Nur zum Vergleich: Ein Terrabyte sind eine Milliarde Kilobytes.

„Einigermaßen leistbar" war für den Apple Macintosh aber eine freundliche Umschreibung, von einem günstigen Computer konnte man noch nicht wirklich sprechen. Er war mit einem Verkaufspreis von 2.500 US-Dollar zwar erheblich billiger als das meiste, was damals am Rechnermarkt an vergleichbaren Geräten angeboten wurde. Aber auf die heutige Kaufkraft umgerechnet, wären das immer noch rund 10.000 Euro, die der neue Apple damals gekostet hat.

Mein erster eigener Computer war zwei Jahre später ein Atari 1040, er hatte – wie die Zahl hinterm Markennamen verrät – achtmal mehr Arbeitsspeicher als der Macintosh, nämlich 1040 Kilobyte, kostete aber nur ein Fünftel des Apple-Geräts. Der Abschied von der Schreibmaschine war zu diesem Zeitpunkt nicht nur für mich gekommen, sondern auch für viele andere Menschen. Denn die Personal Computer für private Anwender wurden ab da immer billiger. Grund dafür war die rasante Entwicklung beim Kern jedes Rechners, bei den Prozessoren, die für die Rechenleistung des Geräts verantwortlich sind.

Es gibt sogar ein Gesetz für diesen fortschreitenden Preisverfall, das Mooresche Gesetz. Eigentlich handelt es sich dabei um eine Faustregel, die Gordon Moore, ein US-amerikanischer Ingenieur und Mitgründer der Firma Intel, bereits 1965 formuliert hatte. Er erklärte damals, dass sich die Leistung integrierter Schaltkreise – also die Kapazität und Geschwindigkeit der Computerchips – alle 18 Monate verdoppeln würde. Obwohl diese Voraussage mittlerweile fast 60 Jahre alt ist, hat sie sich bisher stets bewahrheitet. Alle anderthalb bis zwei Jahre kommt eine neue Prozessor-Generation auf den Markt, die doppelt so schnell und erheblich billiger ist als die vorige.

Dasselbe gilt für die Speicherleistung, das andere entscheidende Kriterium eines Computers. Kostete die Speicherung eines Megabytes an Daten im Jahr 1965, als Gordon Moore sein Gesetz formulierte, umgerechnet auf die heutige Kaufkraft noch etwa 80.000 Euro, kostet derselbe Speicherplatz heute 0,002 Cent. Denn während für einen solchen Datenspeicher früher ein eigener klimatisierter Raum vonnöten war, trägt man die 10.000-fache Speichermenge heute auf einem kleinen USB-Stick mit sich herum.

Die Folge dieser schier unglaublichen Entwicklung ist eine weitgehende Computerisierung der Welt. Nur die Form der Rechner hat sich geändert: Den Standgeräten der 80er- und 90er-Jahre folgten die Laptops, in den 2000ern kamen die ersten Smartphones auf, Tablets folgten, Smartwatches. Die Informationstechnologie hat alle Bereiche des Lebens durchdrungen. Auch Autos sind mittlerweile Computer auf Rädern, und nicht erst seit heute. Der Golf 5, die fünfte Generation des VW Golf, der in den frühen 2000er-Jahren auf die Straßen kam, hatte bereits 30 Steuergeräte verbaut – kleine Computer für jede einzelne Funktion des Wagens. Der Golf 7 – zehn Jahre später – hatte mehr als 60 dieser Steuergeräte an Bord. Derzeit verkauft VW den Golf 8 – und der Umfang der im Fahrzeug stetig ablaufenden Computerprogramme hat sich gegenüber dem Golf 7 verzehnfacht.

Eine der bekanntesten Fehlprognosen der Geschichte soll Thomas Watson, von 1914 bis 1956 der Chef von IBM, im Jahr 1943 geäußert haben: „Ich gehe davon aus, dass es einen Weltmarkt für vielleicht fünf Computer gibt."

Heute werden jährlich rund eine Viertelmilliarde neuer Personal Computer verkauft. Der Apple Macintosh war vor 40 Jahren einer der Wegbereiter dieser Welle. Ein aktuelles iPhone hat allerdings die 40.000-fache Rechenleistung seines Apple-Urahnen vor 40 Jahren. Und in etwa 1.000.000-mal die Rechenleistung, die die NASA-Computer zur Zeit der Mondlandung aufzuweisen hatten.

Der Beginn der dauernden Erreichbarkeit

Die frühen 80er-Jahre des letzten Jahrhunderts waren nicht nur der Startschuss für die ersten privaten Personal Computer, sondern auch für die Mobiltelefonie. Bis dahin hatte man „auf Draht" sein müssen, wenn man mit jemandem reden wollte, der nicht im selben Raum war. Oder man war CB-Funker. Dann begannen die Gespräche allerdings mit Formeln wie „C-Q, C-Q, wer ist Q-R-V?", und das war auch nicht jedermanns Sache.

Funk war auf Polizei, Heer und Einsatzorganisationen beschränkt, wer privat telefonieren wollte, musste zum Telefon greifen. Und wenn man ein sogenanntes Vierteltelefon hatte, wie die meisten „Fernsprechteilnehmer" damals, musste man erst auf eine Extraknopf drücken und dann geduldig aufs Freizeichen in der Leitung warten.

Im Sommer 1983 kamen dann die ersten praktikablen mobilen Telefone auf den Markt, zunächst auf den US-amerikanischen. Die ständige Erreichbarkeit – auch unterwegs – war nun für jene möglich geworden, die mit ausreichend Geld gesegnet waren.

Das erste kommerzielle Mobiltelefon, das unserem heutigen Handy nahekam, wurde von der US-Firma Motorola angeboten, es hieß DynaTAC 8000X. Es handelte sich immer noch um ein vergleichsweise riesiges Gerät: Man konnte es aufrecht vor sich auf den Tisch stellen, was man meistens auch gerne tat. Denn die ersten Geräte waren Prestigeobjekte, die die eigene Wichtigkeit aufs Deutlichste unterstrichen. Sie kosteten auch entsprechend viel: Der Preis des Motorola DynaTAC 8000X betrug umgerechnet und auf die heutige Preisentwicklung angepasst rund 12.000 Euro. Dafür konnte man dann bis zu 30 Minuten telefonieren – wenn man das Gerät vorher zehn Stunden lang aufgeladen hatte. Ein Durchschnittsamerikaner musste damals rund ein halbes Jahr arbeiten, um sich so ein Telefon leisten zu können. Es war daher kein schneller Erfolg am Markt.

In Österreich war die Mobiltelefonie zu dieser Zeit ebenfalls nur ein Fall für ausgeprägten Reichtum. Im Jahr 1974 war der „öffentliche bewegliche Landfunkdienst" eingeführt worden, später sagte man B-Netz dazu. Von „Handys" konnte man dabei noch nicht sprechen, für die Mobiltelefonie benötigte man einen recht großen und schweren Koffer. Noch besser war ein Automobil, in das man Sende- und Empfangsgerät einbauen konnte. Die Installation kostete 80.000 bis 130.000 Schilling, auf heutige Kaufkraft umgerechnet also 20.000 bis 30.000 Euro, und verdoppelte damit häufig den Wagenwert. Die monatliche Grundgebühr kam auf 1.800 Schilling, das war etwa ein Viertel eines durchschnittlichen Monatseinkommens. Anfang der 80er-Jahre zählte das Netz österreichweit 1880 Teilnehmer.

Das C-Netz, zur Zeit der ersten echten Mobiltelefone wie dem Motorola DynaTAC gestartet, war dann schon etwas günstiger. Man konnte unter der Vorwahl 0663 die Teilnehmer auch in ganz Österreich erreichen, vorher musste man wissen, in welchem Funkbereich sich der oder die Angerufene gerade befand, und die entsprechende Vorwahl eingeben. Die Geräte wurden außerdem immer kleiner und leichter; in den deutschsprachigen Ländern setzte sich daher der Pseudo-Anglizismus „Handy" durch – als Bezeichnung für ein Gerät, das man in der Hand tragen konnte und nicht nur in Koffern oder Rucksäcken wie die Vorgängergenerationen. In englischsprachigen Ländern stößt man damit auf Unverständnis, dort heißen die Handys *mobile phone* oder *cell phone*. Spricht ein Brite von *handy*, dann meint er damit umgangssprachlich recht unanständige Verrichtungen im Bereich der gegenseitigen sexuellen Befriedigung.

Bei uns ist Handy also etwas zum Telefonieren. So richtig durchgesetzt haben sich die Geräte aber erst gut zehn Jahre nach Motorolas DynaTAC und dem C-Netz. Der Durchbruch kam, als in Europa das GSM-Netz entwickelt wurde. Die Telefone wurden dadurch viel besser und viel billiger. Sie waren zwar immer noch vergleichsweise teuer, aber kosteten kein halbes Jahreseinkommen mehr. Motorola, Siemens, Ericsson und vor allem Nokia machten Massenprodukte daraus. Wobei insbesondere Nokia zum Beispiel für raschen Aufstieg und auch Niedergang im Bereich moderner Kommunikationstechnologien wurde: In den frühen 2000er-Jahren war das finnische Unternehmen die führende Firma am Telefonie-Weltmarkt. Das war ungewöhnlich genug, denn Nokia war eine alteingesessene Firma, die die ersten 100 Jahre ihres Bestehens unter anderem für ihre qualitativ hochwertigen Gummistiefel bekannt war. Daneben produzierte man jahrzehntelang Stromkabel, später dann auch Funkgeräte. In den 80ern sprang man bei Nokia auf den Handy-Zug auf und wurde rasch unfassbar erfolgreich damit. Ums Jahr 2000 herum hatte praktisch jede und jeder ein Nokia-Handy daheim. Jede Generation war etwas kleiner, besser und billiger als die vorherige.

Dann kam Blackberry und aus den Mobiltelefonen wurden kleine, klappbare Mini-Laptops. Das war zunächst kein Problem für Nokia, man zog mit und bot ebenfalls Geräte mit vollständiger Tastatur an. Doch die nächste, entscheidende Entwicklung übersah man: den Übergang aufs Smartphone. 2008 kamen noch fast 40 Prozent aller weltweit verkauften Handys aus dem finnischen Konzern. 2014 war Nokia de facto bankrott. Denn 2007 hatte Apple das erste iPhone auf den Markt gebracht – und damit die ganze Welt verändert.

Die neuen Smartphones waren zwar auch zum Telefonieren da, aber das war für viele nur noch Nebensache. Smartphones konnten so viel mehr: Man konnte damit plötzlich auch Musik hören, Videos schauen, navigieren, recherchieren – und vor allem: einkaufen. Die dauernde Verfügbarkeit aller Informationen und Möglichkeiten veränderte das moderne Leben.

In aktuellen Umfragen sagen nur mehr sieben Prozent der Österreicher, sie könnten sich ein Leben ohne Smartphone problemlos vorstellen. Weltweit sieht die Situation kaum anders aus. Alleine 2022 wurden 1,4 Milliarden neue Smartphones verkauft. Das heißt, rechnerisch hat sich ein Viertel der Weltbevölkerung (ohne Kinder) ein neues Smartphone zugelegt. All diese ganz neuen Handys kommen zu denen dazu, die in den letzten Jahren produziert wurden und die zum guten Teil wohl immer noch in Gebrauch stehen. In den vergangenen 30 Jahren, seit 1994, wurden insgesamt rund 25 Milliarden Handys produziert und verkauft. Das bedeutet, dass auf jeden Erdenbewohner, vom Säugling bis zum Greis, mehr als 3 Mobiltelefone kommen. Die Schubladen der Welt quellen wohl über vor all den abgelegten, nicht mehr benutzten Werkzeugen für eine schöne, neue Kommunikationswelt. Es war ein weiter Weg seit dem ersten Gerät von Motorola vor 40 Jahren, zwei Kilo schwer und unfassbar teuer.

Google – wie ein Programm Sprache und Welt verändert

Manche Erfindungen ändern nicht nur das tagtägliche Leben vieler Menschen, sondern auch deren Sprache. Wusste man vor 25 Jahren in einem Gespräch irgendetwas nicht so ganz genau, dann lautete die Aufforderung ans Gegenüber meist: „Denk doch nach!" oder bestenfalls: „Schlag das mal nach!" Heute lautet der Rat in den meisten Fällen: „Googel mal!"

Am 4. September 1998 ging die Internet-Suchmaschine mit dem etwas seltsamen Namen *Google* zum ersten Mal online. Internet-Suchmaschinen hat es aber schon davor gegeben. Das beinahe explosionsartig wachsende weltweite Netz hatte rasch den Bedarf nach Orientierung und Katalogisierung hervorgerufen. Die erste Suchmaschine wurde im Jahr 1990 an der McGill-Universität im kanadischen Montreal entwickelt. Sie hieß *Archie* und war zwei Jahre lang eine der am meisten besuchten Internetadressen. Allerdings war sie vor allem für akademische Forschung geeignet, ihre Suche beschränkte sich auf Universitätsdatenbanken.

1994 starteten dann die ersten Programme, die wirklich das ganze damalige Internet einbezogen. Die Suchmaschine *Lycos*, der Verzeichnisdienst *Yahoo*. Die heißeste Neuigkeit des Jahres

1995 war *AltaVista*, erstmals waren nun kommerzielle Unternehmen an diesen Projekten beteiligt. Sie erkannten die Geschäftsmöglichkeiten auf dem neuen Feld der weltweiten Kommunikationstechnologien recht schnell; AltaVista war rasch erfolgreich, zum marktbeherrschenden Player hat es die Suchmaschine aus Maynard, Massachusetts, aber nie geschafft. Es wurde nie „ge-AltaVista-t", diese Ehre des Eingehens in die Alltagssprache war einem vergleichsweise spät gestarteten Projekt vorbehalten: Google kam drei Jahre nach AltaVista auf den Markt, wuchs aber extrem rasch: Heute werden 92 Prozent aller Suchanfragen im Netz auf Google gestellt. AltaVista wurde 2013 eingestellt.

Der Start von Google erfolgte ebenfalls an einer Universität, allerdings nicht an der amerikanischen Ostküste wie bei AltaVista, sondern im kalifornischen Silicon Valley: 1995 lernten sich an der Stanford-Universität zwei Informatiker, Larry Page und Sergey Brin, kennen und entwickelten eine Geschäftsidee. Nämlich den besten Wegweiser durch den neu geschaffenen Datendschungel namens Internet zu erschaffen.

Der Name Google kommt vom mathematischen Begriff *googol*. Das steht für zehn hoch 100, ist daher eine 1 mit 100 Nullen hinten dran – eine extrem hohe Zahl also. Zum Vergleich: Eine Million hat sechs Nullen, eine Milliarde hat neun. Der Begriff *Google* sollte also für die beinahe unendlich vielen Informationen im Internet stehen.

Weil Googles Such-Algorithmus deutlich schneller und besser als jener der Konkurrenz war, wurde die Website rasch zur ersten Anlaufstelle für jede und jeden, die im Internet etwas suchten. Eine ideale Plattform für Werbung – Google wusste, wonach die Menschen suchten, und konnte ihnen umgehend eine Lösung und vor allem auch ein Produkt, eine Ware, eine Bezugsquelle dafür anbieten. Was früher mit hohem Streuverlust in klassischen Medien beworben werden musste, erreichte jetzt via Google den Kunden direkt und sofort. Ein Eldorado für die Wirtschaft und eine Goldgrube für die Suchmaschinen-Eigentümer: Die beiden Google-Gründer Page und Brin wurden rasch zu Milliardären. Sergey Brin wird im aktuellen *Forbes*-Ranking der reichsten Menschen der Welt mit einem Vermögen von 104 Milliarden US-Dollar auf Platz neun geführt. Larry Page hat knapp 110 Milliarden Vermögen und ist auf Platz sieben zu finden. Um beide muss man sich also finanziell keine Sorgen machen, auch wenn Page seine Superjacht vor zwei Jahren um 50 Millionen Dollar verkauft hat. Brin hat seine Jacht noch, sie hat 80 Millionen gekostet – Superjachten sind eben das ultimative Spielzeug der sehr, sehr, *sehr* Reichen.

Geld ist also bei beiden ausreichend vorhanden. Der Konzerngewinn von Google lag 2022 bei 60 Milliarden US-Dollar. Dabei handelt es sich um den Gewinn, wohlgemerkt, nicht um den Umsatz. Das heißt, es geht um die Summe, die am Ende des Jahres nach Abzug aller Ausgaben wirklich übrig bleibt. Zum Vergleich: Österreich verzeichnet derzeit rund 100 Milliarden Steuereinnahmen im Jahr, der Konzern Google spielt also wirtschaftlich gesehen in der Liga mittelgroßer Industriestaaten.

Das Internet hat die Welt verändert und verändert sie immer weiter. Es verändert die Rahmenbedingungen der Wirtschaft, der Politik, es verändert die Sprache. Das neue Verb „googeln“ ist nur ein Beispiel dafür.

Fast auf den Tag genau fünf Jahre nach Google wurde *Skype* gegründet, im September 2003. Mittlerweile wird von vielen „geskypt“ und nicht mehr telefoniert, wenn man mit Menschen spricht, die woanders sind. Der Internetdienst liefert auch das Bild mit und vor allem: Er kostet nichts. In der Coronapandemie haben die Menschen dann angefangen zu „zoomen“, weil dieses chinesische Internet-Start-up besonders einfache Videokonferenzen anbot – die Nutzerzahlen dieser Computer-Software und Smartphone-App haben sich im Zuge der diversen Lockdowns verzwanzigfacht. Auch ältere Menschen „whatsappen“ mittlerweile tagtäglich, ihre Enkelkinder vertreiben sich die Zeit mit „Tik-token“ oder „Snapchatten“. Nur „twittern“ tut keiner mehr, weil der neue Eigentümer Elon Musk beschlossen hat, den Kurznachrichtendienst plötzlich in *X* umzubenennen. Und „x-en“ wird sich wohl nicht als Begriff durchsetzen. Entsprechende Erfahrungen in Sachen Marken-Marketing kann Elon Musk gerne googeln.

Hallo, hallo, hier Radio Wien

Der 14. November 1922 war ein nebeliger Tag in London. Es war ein Dienstag, an dem sich ein gewisser Winston Churchill bei einer Sitzung im Unterhaus ungehörig aufführte. Einen Zugüberfall gab es an diesem Tag in England auch – und in Deutschland trat wieder einmal eine Regierung zurück, das Kabinett Wirth.

Joseph Wirth war eigentlich eine spannende Persönlichkeit. Er hatte als Reichskanzler an der Aussöhnung mit den ehemaligen Gegnern aus dem Ersten Weltkrieg gearbeitet, als Politiker der katholischen Zentrumspartei war er ein Mann der politischen Mitte. Berühmt geworden ist sein Ausspruch nach der Ermordung des deutschen Außenministers Walter Rathenau durch Nationalisten wenige Monate zuvor. „Der Feind steht rechts“, so Wirth damals.

Von seinem Rücktritt erfuhren die Londoner nichts an diesem Dienstagabend. Von Churchills Krawall, vom Zugüberfall und auch vom ungewöhnlich dichten Nebel aber sehr wohl. Und sie erfuhren es zum allerersten Mal in der Geschichte aus dem Radio.

An diesem 14. November 1922, um 18.00 Uhr abends, nahm nämlich die erste reguläre Radiostation der Welt ihr Sendeprogramm auf. Sie begann mit den Ereignissen des Tages. Verlesen wurden diese von Arthur Richard Burrows, dem ersten Programmdirektor der BBC – und zwar gleich zweimal hintereinander. Denn bei der BBC ging man damals davon aus, dass die geneigten Hörer die Nachrichten gerne doppelt hören würden. So könnten sie sich das, was sie interessierte, beim Wiederhören auf einem Blatt Papier notieren. Ein pädagogisches Konzept, das sich aber rasch verloren hat …

Wie klein die Anfänge des heutigen Kommunikationsriesen BBC waren, zeigt auch, dass Arthur Burrows nicht nur der erste Nachrichtensprecher der Welt war, sondern auch – als „Uncle Arthur" – der erste Präsentator eines Radio-Kinderprogramms namens *Children's Hour*. Beim ersten Hörspiel der Welt, gesendet am 24. Dezember 1922, verkörperte er *Father Christmas*, den Weihnachtsmann. Ziemlich viele Weltpremieren für einen einzelnen Menschen. Aber zu dieser Zeit hatte die BBC auch gerade einmal vier fest angestellte Mitarbeiter.

Die Zahl der Radioapparate betrug im Vereinigten Königreich zu Jahresende 1922 noch 35.000 Geräte. Dann startete allerdings ein rasches Wachstum: Ende 1924 gab es bereits über eine Million bei der britischen Postbehörde angemeldete Radios, zwei Jahre später schon 2,5 Millionen. Gesendet wurde anfangs auf Langwelle, dann ab den 30er-Jahren auf Kurzwelle.

Auch in Österreich griff das Radiofieber rasch um sich. Nur wenige Monate nach der Einführung des Radios in Großbritannien ging es in Wien los. Am 1. April 1923 brachte Oskar Koton sein „Radio Hekaphon" auf Sendung, aus den Räumlichkeiten einer Telefonfabrik in Wien-Brigittenau, in der der Ingenieur als technischer Leiter beschäftigt war. Als die Firma die Kosten dieses Sendebetriebs nicht mehr tragen wollte, wechselte Radio Hekaphon in Kotons Privatwohnung in der Währinger Straße in Wien-Alsergrund. Die Reichweite stieg damit dramatisch, mit bloß 100 Watt Sendeleistung war die Empfangbarkeit des Senders stark vom Standort abhängig – je zentraler in Wien, desto besser.

Koton war nicht nur Cheftechniker von Radio Hekaphon, sondern auch Chefsprecher und Unterhaltungschef – er spielte höchstpersönlich Klavier auf Sendung. Das erste heimische Radio war also weitgehend eine One-Man-Show und rechtlich gesehen ein Piratensender. Denn die dafür zuständige österreichische Postbehörde bezeichnete sein Lizenzansuchen anfangs als „groben Unfug" und weigerte sich, tätig zu werden. Kotons Chef in der Telefonfabrik, Oskar Czeija, schaffte es jedoch, durch seine Beziehungen zur damaligen christlich-sozialen Regierung eine Lizenz und sogar ein Rundfunkmonopol zu erhalten. Dies war die Geburtsstunde der RAVAG, der „Radio Verkehrs AG". Eröffnet hat man das Programm am 1. Oktober 1924 mit einem Festkonzert, das Programm bestand neben Nachrichten vor allem aus klassischer Musik. 1925 kam es zur ersten Übertragung einer Oper aus der Wiener Staatsoper.

Die Anfangskennung „Hallo, Hallo, hier Radio Wien" wurde zum Text eines populären Schlagers, denn das Radio wurde auch hierzulande rasch zu einem großen Erfolg. Im Jahr 1924 gab es rund 15.000 Rundfunkteilnehmer in Österreich, 1925 schon 100.000 – welche anfangs aber nur 3,5 Stunden Programm täglich hören konnten. Die Politik begann sich nunmehr ebenfalls für dieses neue Medium zu interessieren. Der durch Monopolregelungen und Lizenzen recht einfach zu kontrollierende Rundfunk wurde vor allem in der autoritären Zeit der 1930er-Jahre zu einem Sprachrohr der Obrigkeiten. Wurde gegen diese revoltiert, wie beim sogenannten Juli-Putsch der Nazis gegen das Dollfuß-Regime, so standen die Funkhäuser ganz oben auf der Liste der Angriffsziele. Beim Nazi-Aufstand 1934 wurde um und in den RAVAG-Studios heftig gekämpft.

Wie wichtig das neue Medium Radio für die Propaganda war, wusste auch die NSDAP. Kurz nach der Machtergreifung durch Hitler wurde im August 1933 der Prototyp des „Volksempfängers" vorgestellt. Dieses Radiogerät sollte Kurzwelle und Langwelle empfangen können und in jeden deutschen Haushalt Eingang finden. Sein Preis war daher einigermaßen erschwinglich, nach heutiger Kaufkraft zwischen 200 und 400 Euro. Bis zum Beginn des Zweiten Weltkriegs wurden rund 8 Millionen dieser Radioapparate erzeugt und verkauft. Hitlers und Goebbels Reden kamen nun direkt in die Wohnzimmer der Deutschen.

Eigentlich sollten sie aber nicht nur akustisch, sondern auch optisch dorthin gelangen. 1939 wurde auch der „Volksfernseher" vorgestellt, mit vollem Namen „Deutscher Einheits-Fernsehempfänger E1". Denn das NS-Regime war zu einem der Vorreiter in Sachen Fernsehtechnik geworden. Der Deutsche Fernseh-Rundfunk DFR war weltweit die erste Fernsehanstalt, die TV-Sendungen ausstrahlte. Die Olympischen Spiele 1936 in Berlin waren das erste Großereignis, das im Fernsehen übertragen wurde. Das Signal wurde damals in 25 eigens eingerichteten „Fernsehstuben" in Berlin empfangen, weiter reichte es nicht. Rund 150.000 Zuseherinnen und Zuseher waren bei dieser öffentlichen Geburtsstunde des Fernsehens dabei, private Empfangsgeräte gab es damals auch aus Kostengründen kaum.

Doch auch die BBC hatte schon 1936 mit Fernsehsendungen experimentiert. Im Krieg wurden sie aber wieder eingestellt. Man befürchtete, dass die Fernsehsignale der deutschen Luftwaffe als „Leitstrahlen" dienen und damit feindlichen Bomberflotten den Angriff erleichtern könnten. Erst ab 1946 wurde deshalb in Großbritannien wieder Fernsehen gesendet, in Deutschland ab Ende 1952, in Österreich war es 1955 so weit.

Das Radio wurde dadurch aber nicht verdrängt. Wenn neue Medien auftauchten, gab es immer die Befürchtung, dass diese die bestehenden Medien ersetzen würden. Bisher hat das nicht gestimmt: Das Radio hat nicht die Zeitungen überflüssig gemacht, das Fernsehen hat nicht das Radio verdrängt, auch nicht das Kino. Obwohl sich mit dem Aufkommen des Internet vieles geändert hat – und vieles immer noch ändert. Die Fernsehnutzung erreicht in Österreich momentan trotzdem mit knapp 3,5 Stunden täglich Rekordwerte. Die Radionutzung beträgt noch knapp zwei Stunden am Tag. Nur für Zeitungen und Zeitschriften wenden die Österreicher immer weniger Zeit auf: Weniger als eine halbe Stunde täglich geht fürs Lesen von Informationstexten drauf. Deutlich mehr an persönlichem Zeitbudget fließt inzwischen ins Internet und vor allem in den Bereich der sogenannten Social Media.

Zeitungen – vor dem Ende einer Ära

Wer einmal für eine Zeitung gearbeitet hat und beim Andruck des Blattes dabei gewesen ist, der wird das Gefühl nie vergessen und – wahrscheinlich – auf ewig ein Liebhaber des gedruckten Wortes bleiben: Wenn eine Rotations-Druckmaschine langsam losfährt, wenn sich ein Apparat von der Dimension eines einstöckigen Hauses in Bewegung setzt, wenn erst langsam und dann immer schneller das Papier durch die Druckzylinder schießt und am Ende als gedruckte, gefaltete Zeitung seinen Weg in den Vertrieb findet, dann wird stets für einen kurzen Moment Geschichte geschrieben. Alles bebt, es ist ungemein laut, es riecht nach Papier, Öl und Druckerfarbe, und am Ende steht ein neues Blatt im großen Buch der Welt und die Gewissheit: Ein wenig davon hast du beigetragen. Und wenn Menschen in ein paar Hundert Jahren in Bibliotheken gehen und die alten Jahrgangsbände ausheben, lebt auch ein wenig von dir weiter. Radio kann das nicht, Fernsehen kann das nicht, sie sind Medien des Moments, nicht der Ewigkeit. Doch auch die Ewigkeit der Zeitungen könnte enden.

Österreich ist ein Land besonders traditionsreicher Zeitungen. Die *Wiener Zeitung* war die älteste Tageszeitung der Welt, 320 Jahre erschien sie (fast) täglich. Bis Ende Juni 2023, da wurde sie vom Eigentümer, der Republik Österreich, als Printprodukt eingestellt. Exakt einen Tag später feierte *Die Presse* Geburtstag: Im Revolutionsjahr 1848 gegründet, beging sie am ersten Tag ohne gedruckter *Wiener Zeitung* ihr 175-jähriges Jubiläum. Kurz nach der *Wiener Zeitung* beendete auch das *Linzer Volksblatt* sein gedrucktes Erscheinen. Das Volksblatt war die drittälteste Tageszeitung Österreichs gewesen, 1869 gegründet.

Zur Zeit der Drucklegung dieses Buches gibt es noch zwölf Tageszeitungen in Österreich. Man muss das so vorsichtig formulieren, weil die Entwicklung so rasant ist und nur in die negative Richtung zeigt. Das Lesen von Zeitungen wird immer mehr zum Vergnügen einer Minderheit. Hatten 2010 noch Dreiviertel der Österreicher angegeben, regelmäßig Zeitung zu lesen, waren es 2022 nur mehr die Hälfte. Bei den Unter-40-Jährigen sind es noch ein Drittel. Wie viele heimische Zeitungen die nächsten Jahre überleben, steht daher in den Sternen.

Viele Blätter sind es von Beginn an nicht gewesen. Österreich war über Jahrzehnte ein Land mit Boulevardriesen – die *Kronen Zeitung* war lange Zeit die größte Zeitung der Welt, in Relation zur Bevölkerung. Doch die Qualitätspresse war hierzulande stets bedroht und in den meisten Bundesländern gab es nur den einen Quasi-Monopolisten am Printmarkt: *Oberösterreichische Nachrichten*, *Salzburger Nachrichten*, *Vorarlberger Nachrichten*, dazu noch die *Tiroler Tageszeitung* und die *Kleine Zeitung* in der Steiermark und Kärnten, eine lebendige Konkurrenzlandschaft war das nie.

Das zeigt auch der Vergleich mit unseren deutschsprachigen Nachbarn. In Deutschland zählt man zur Zeit noch 340 Tageszeitungstitel. Allerdings sind ein Gutteil davon nur Regionalausgaben mit einem überregionalen „Mantel“ als zentralem Bestandteil. Ähnlich ist es in der Schweiz, aber auch dort gibt es immer noch 67 Tageszeitungen. 52 davon sind deutschsprachig, der Rest erscheint auf Französisch, Italienisch und Rätoromanisch. Zwei Schweizer Tageszeitungen erscheinen sogar in albanischer Sprache, das ist dem großen albanischen Migrationsanteil geschuldet. Unter Druck sind aber auch die Zeitungen in der Schweiz und Deutschland: Das Geschäftsmodell der Zeitungsverlage hat sich in den letzten Jahrzehnten radikal verändert, und zwar weltweit.

Lagen die Anzeigenerlöse US-amerikanischer Tageszeitungen im Jahr 2000 noch bei rund 67 Milliarden Dollar jährlich, betrugen sie zuletzt rund 9 Milliarden. Das Marketingbudget der Unternehmen geht mittlerweile nicht mehr in Print-Inserate, sondern in die Kassen weniger weltweiter Internetkonzerne. Allein Google (siehe dazu auch S. 50, *Google – wie ein Programm Sprache und Welt verändert*) hat zuletzt 250 Milliarden US-Dollar an Anzeigengeldern eingenommen, Facebook mehr als 150 Milliarden. Dabei handelt es sich zwar nicht um den Gewinn, vieles geht schließlich auch für Verwaltung und Betrieb drauf. Aber die Einnahmen sind gewaltig – und sie finden nicht mehr in den Verlagen statt.

Dazu kommen im Printbereich die Papierkosten, die sich in den letzten Jahren vervierfacht haben. Die Kosten für die Hauszustellung von Zeitungen haben sich sogar verfünffacht, sagen die Verleger. Denn je weniger Menschen Zeitungen abonnieren, desto teurer wird auch die frühmorgendliche Lieferung für jedes einzelne Exemplar.

In den USA ist es mittlerweile so weit, dass es in einigen Großstädten überhaupt keine lokale Tageszeitung mehr gibt: New Orleans, Salt Lake City oder Pittsburgh zählen dazu. Demnächst wahrscheinlich auch noch viele andere Städte. Aktuelle Studien gehen davon aus, dass es bis zum Jahr 2025 bei einem Drittel der momentan noch bestehenden Blätter zum Ende der (Print-)Ausgaben kommen wird.

In Österreich sieht die Lage im Vergleich noch ein wenig rosiger aus. Der Medienwandel hat das Land bisher nicht in vollem Ausmaß erreicht. Die Auflagen und Druckzahlen sinken zwar, aber sie kollabieren noch nicht völlig. Der Staat versucht, mit Förderungen gegenzusteuern – und mit Regierungsinseraten, die demokratiepolitisch allerdings eine fragwürdige Schlagseite haben. Die Anzeichen, dass wir vor dem Ende der Zeitungs-Ära stehen, mehren sich aber. Das sind keine guten Nachrichten. Denn Demokratie lebt von der Partizipation mündiger und vor allem gut informierter Bürgerinnen und Bürger. Ohne professionelle Medien geht aber die Informiertheit und damit auch die Mündigkeit zurück. Wenn das Wissen um die Welt nur mehr von den Freunden auf Social Media stammt, droht die Gesellschaft auseinanderzubrechen. Und die Politik gerät in die Fänge der Polarisierer, wie das Beispiel USA eindrucksvoll zeigt. Glaubwürdiger und unabhängiger Journalismus kann ein Gegenrezept sein. Denn das Dröhnen, Rattern und Beben, das jene gigantischen Druckmaschinen in den Zeitungsdruckereien verursachen, erschüttert die Welt nicht. Es stabilisiert sie.

Plastisch, fantastisch: Wie ein wenig Schlamperei eine neue Welt schuf

Im Labor von Eric Fawcett und Reginald Gibson geht am 12. März 1933 einiges schief: Die beiden jungen Chemiker sind seit geraumer Zeit damit beschäftigt, die britische Wirtschaft in diesen unsicheren Zeiten auf noch unsicherere vorzubereiten. Fawcett soll erforschen, ob man nicht aus Kohle flüssigen Treibstoff machen kann. Denn Kohle hat Großbritannien reichlich, bei Erdölprodukten ist man dagegen auf Importe angewiesen und die sind in Krisenzeiten immer in Gefahr. Das mit der Benzinproduktion aus Kohle funktioniert allerdings nicht so recht. Fawcetts Kollege Gibson beschäftigt sich währenddessen mit Farbstoffen, möglicherweise geht da etwas weiter, entscheidet die Firmenleitung von ICI. Der Konzern Imperial Chemical Industries in Northwich ist der Arbeitgeber der beiden jungen Forscher.

Sie arbeiten also an einfachen Kohlenwasserstoffverbindungen weiter und forschen, was unter extremem Druck mit diesen geschieht. Und stellen fest: leider nicht viel. Die Aldehyde und Alkene wollen einfach nicht miteinander reagieren. Bis an diesem 12. März bei der Versuchsanordnung ein Fehler passiert: Die Abdichtung erfolgt nicht sorgfältig genug. Bei Hochdruck-Experimenten kann so etwas auch fatale Folgen haben. In diesem Fall gelangt Luftsauerstoff ins Experiment. Aber nichts explodiert, Gott sei Dank. Doch am Ende bleibt eine weiße, wachsartige Substanz übrig: Polyethylen. Der Sauerstoff tat seine Dienste als Katalysator, aus dem gasförmigen Ethylen des Ausgangsstoffes wurde festes Polyethylen. Es handelt sich dabei um ein sogenanntes Polymer, eine, vereinfacht gesagt, lange Kette von Kohlenstoffatomen, mit der man dann möglicherweise einiges anfangen kann. Was genau, weiß man allerdings zu diesem Zeitpunkt noch nicht. Sicherheitshalber lässt man den Prozess patentieren, aber Anwendungen für den neu geschaffenen Stoff fehlen zunächst.

Man findet allerdings rasch heraus: Polyethylen lässt sich gut schmelzen und formen, es ist leicht, es ist reißfest und es isoliert gut gegen Stromfluss. Also verwendet man den neuen Stoff zunächst zur Ummantelung von Kabeln in den ebenfalls neu entwickelten Radargeräten, die man für den Kampf gegen NS Deutschland braucht. Polyethylen wird damit zum Staatsgeheimnis, es trägt zum Kriegserfolg bei. Und wenig später zum Wirtschaftserfolg. Denn mit Polyethylen, kurz PE, wird jener Kunststoff in die Welt gebracht, der heute allgegenwärtig ist: Er ist vom Plastiksackerl bis zum Kanalrohr in Verwendung, von Wasserflaschen bis zur Beschichtung im Inneren von Milchkartons. Einwegbesteck, Tupper-Geschirr, Müllbeutel, das alles besteht aus Polyethylen. Mit diesem Kunststoff beginnt das Plastik-Zeitalter.

Kunststoffe hat man schon zuvor hergestellt, allerdings meist durch die Veränderung natürlicher Stoffe. So wurde aus Zellulose und Kampfer Zelluloid gemacht und erstmals 1862 bei der Londoner Weltausstellung präsentiert. Man kennt es heute noch als Trägermaterial von Filmen. 1905 experimentierte der belgische Chemiker Leo Hendrik Baekeland mit Phenol und Formaldehyd. Daraus entstand ein Kunststoff, den man pressen und aushärten konnte. Herr Baekeland nannte ihn Bakelit. Ganz alte Telefone oder Steckdosen wurden aus ihm gemacht, auch Hitlers Volksempfänger.

Der neue Stoff war eine gut nutzbare Neuerung, aber nur beschränkt verfügbar. Denn das Kunstharz benötigte vergleichsweise teure Ausgangsstoffe, war spröde und nicht wieder verformbar, es dunkelte außerdem massiv nach. Das heißt, es gab die Bakelit-Produkte in allen Farben, solange sie braun oder schwarz sind …

Die Produkte der Polymer-Chemie dagegen sind wahre industrielle Wunderwaffen, nicht nur das Polyethylen. In rascher Abfolge entwickelt man Polystyrol, Polyurethan oder Polyvinylchlorid, kurz PVC. Jeder dieser neuen Stoffe kann irgendetwas besonders gut: dämmen, elastisch sein oder sehr widerstandsfähig.

Die neue Welt wird bunt, leicht, billig. Überall einsetzbar, überall zu haben, de facto unzerstörbar. Kunststoffe erobern alle Bereiche. Das ist nicht nur eine gute Nachricht. Global werden derzeit jährlich 400 Millionen Tonnen Kunststoff hergestellt. Das sind pro Kopf der Weltbevölkerung 50 Kilogramm Plastik. Und zwar jedes Jahr. Es wird damit gerechnet, dass sich diese Produktion in den nächsten 20 Jahren noch einmal verdoppeln wird. Dann sind es 100 Kilo Plastik pro Mensch und Jahr. Doch Plastikgegenstände sind meistens keine langlebigen Konsumgüter, viel häufiger sind sie Wegwerfprodukte. Rund 60 Prozent der jährlich entsorgten Kunststoffe werden verbrannt, 30 Prozent werden recycelt. Gut zehn Prozent werden deponiert oder auch einfach nur unkontrolliert weggeworfen, in den Wald, in den Fluss, ins Meer. Im Pazifik gibt es mittlerweile einen riesigen „Müllstrudel“ voller Plastikabfall. Er bedeckt momentan eine Meeresoberfläche von 1,6 Millionen Quadratkilometern. Das ist ungefähr 20-mal die Fläche Österreichs. Und jedes Jahr geraten weitere zehn Millionen Tonnen Plastikabfall in die Meere. Mikroplastik, der Abrieb dieser Kunststoffabfälle, ist mittlerweile in der Tiefsee ebenso nachgewiesen worden wie in den entlegensten Regionen der Arktis und der Antarktis.

Dennoch sind Kunststoffe eine geniale Erfindung. Unsere Welt wäre ohne sie nicht vorstellbar – moderne Flugzeuge, Autos,

Computer, Handys wären aus Holz und Metall nicht machbar. Der Mensch gefährdet die Welt durch seine Maßlosigkeit in allem und seine Rücksichtslosigkeit der Natur gegenüber. Aber die Erfindung von Polyethylen vor 90 Jahren hat die Welt dennoch zu einem besseren Ort gemacht. Was man nicht über viele Entwicklungen der 30er-Jahre des letzten Jahrhunderts sagen kann.

Das Fest der Erfindungen

Neue technische Entdeckungen finden für gewöhnlich im sprichwörtlichen „stillen Kämmerlein" statt: in Werkstätten, in Laboratorien, in Konstruktionsbüros. Ihre Präsentation vor einer hoffentlich staunenden Weltöffentlichkeit ist aber über viele Jahrzehnte auf ein und dieselbe Weise erfolgt: auf einer Weltausstellung – seit Mitte des 19. Jahrhunderts das große Fest des menschlichen Geistes und seiner Erfindungen. Die Idee dazu war eine königliche, und zwar in mehrfacher Hinsicht. Denn gekommen war sie Prinz Albert, dem Ehegatten der britischen Königin Victoria, zu einer Zeit, als das britische Empire auf dem Höhepunkt seiner Macht war. Seine Flotte beherrschte die Meere – und seine Armee einen Großteil der Erdoberfläche von Kanada über Indien bis Australien. Aber auch die englische Industrie war führend. Hier waren die Dampfmaschine und die Eisenbahn erfunden worden, in den Fabriken des Vereinigten Königreiches wurden die wichtigsten Waren der modernen Welt hergestellt. Prinz Albert hatte nun die Idee, diese Produkte – und die anderer Nationen – auf einer eigenen „Weltausstellung" einem großen Publikum vorzustellen. Der Rahmen sollte ein spezieller werden. In der damals größten Stadt der Welt, in London, entstand im Jahr 1851 ein Kristallpalast. Mehr als 600 Meter lang, bis zu 33 Meter hoch und zur Gänze aus Gusseisen und Glas gebaut, entstand im Londoner Hyde Park etwas, das auch als größtes Gewächshaus der Welt durchgegangen wäre. Doch das Wachstum, dem es gewidmet war, war kein pflanzliches, sondern ein geistiges. Das Zeitalter der Industrialisierung zeigte seine besten Früchte.

Die wichtigste Erfindung dieser ersten Weltausstellung war der Telegraf: Samuel Morse hatte kurz davor ein Gerät fertiggestellt, mit dem die mittels „Morsecode“ gesendeten Nachrichten verschriftlicht werden konnten. Informationen gelangten so dank elektrischem Strom und Lichtgeschwindigkeit in die ganze Welt. Überall dorthin zumindest, wo ein Telegrafenkabel lag – und ein solches führte ab 1858 bereits quer durch den Atlantik nach Amerika.

Dort fand zwei Jahre nach der ersten Weltausstellung in London eine zweite statt. Und auch dort, in New York, hatte man einen Crystal Palace errichtet.

Diese Ausstellungen wurden zum Schaufenster der modernen Technik. 1855 in Paris wurden die ersten gut funktionierenden Sicherheits-Zündhölzer der Welt vorgestellt – und die erste Espressomaschine. 1862, wieder in London, waren es die Nähmaschine und eine „Rechenmaschine“ des britischen Mathematikers Charles Babbage, die zum Vorläufer der heutigen Computer wurde. 1867 wurde das erste Veloziped auf die Bühne der Öffentlichkeit gebracht. Eine Art Laufrad war zwar schon Jahrzehnte vorher erfunden worden, vom Deutschen Karl von Drais. Aber Pierre Michaux hat den Antrieb per Tretkurbel hinzugefügt und auf der wieder in Paris stattfindenden Weltausstellung präsentiert. Damit begann das Zeitalter des Fahrrads. Weitere Neuerungen diese Pariser Ausstellung waren der Stahlbeton, der hydraulische Personenaufzug – und die Erfindung von Eiscreme-Soda.

Sechs Jahre später war die Weltausstellung 1873 zum ersten und einzigen Mal in Wien zu Gast. Sie stand unter keinem guten Stern. Vom Ausbruch einer Cholera-Epidemie bis zum Börsenkrach ging so ziemlich alles schief, was schiefgehen konnte. Das Dach des zentralen Baus der Ausstellung, der Rotunde, war undicht und der Aufzug – da war man durchaus modern – konnte erst zwei Wochen vor Ausstellungsende repariert und in Betrieb genommen werden. Wirtschaftlich war sie ebenfalls ein Misserfolg: Mit 20 Millionen Besuchern war gerechnet worden, nur sieben Millionen kamen in den sechs Monaten, in denen sie stattfand. Auch die Prominenz der Erfindungen hielt sich in Grenzen – oder besser gesagt: auf Eiscreme-Soda-Niveau. Das Produkt, das in Wien prämiert wurde und das bis heute am bekanntesten ist, war das Bonbon des Kölner Zuckerlproduzenten Franz Stollwerck.

Zumindest die angereisten Staatsgäste waren aber hochrangig: 33 regierende Fürsten kamen, unter ihnen auch der Schah von Persien. Der blieb den Wienern besonders in Erinnerung. Er begab sich nämlich gern auf Einkaufstour, etwa zu Juwelieren, ließ aber die Rechnungen unbezahlt. Er ging nämlich davon aus, dass in Wien dieselbe Art der Gastfreundschaft wie bei ihm in Persien herrschen und eine Zahlung den Gastgeber nur beleidigen würde, so wurde die fehlende Zahlungsmoral des Schah zumindest diplomatisch erklärt. Das Schloss Laxenburg, das ihm der Kaiser zur Verfügung gestellt hatte, musste nach seiner Abreise auf alle Fälle renoviert werden.

Für Erfindungen, die erinnerungswürdig waren, musste man aber die nächsten Weltausstellungen abwarten, sogar wenn diese aus Wien kamen. So präsentierte der Wiener Möbelproduzent Michael Thonet seine bekannten Bugholz-Stühle erst bei der 1876 stattfindenden Ausstellung in Philadelphia. Dort waren außerdem die Schreibmaschine und das Telefon viel bestaunte Neuheiten. 1878 in Paris waren es die elektrische Glühbirne und der Eisschrank. Danach nahm das Tempo der Innovationen etwas ab, dafür wuchs das Ausmaß der Prachtbauten: 1889, wieder in Paris, wurde der Eiffelturm in Rekordzeit aufgebaut und bekanntlich – entgegen der ursprünglichen Planung – nie wieder abgebaut.

Vier Jahre später, in Chicago, gab es das erste Riesenrad zu bestaunen. Eine Volksbelustigung, die rasch Nachahmer fand. Etwa in Wien, wo 1897, aus Anlass des 50. Thronjubiläums von Kaiser Franz Joseph, das Wiener Riesenrad eröffnet wurde. Streng genommen zwar ein Jahr zu früh, aber es funktioniert heute noch. Was man auch über die anderen großen Neuerungen von Chicago 1893 sagen kann: den Reißverschluss, die Geschirrspülmaschine und den elektrischen Stuhl. Auch wenn man auf diese letzte Erfindung gut hätte verzichten können.

Weltausstellungen gibt es bis heute. Sie sind jedoch mittlerweile kaum mehr Orte der Präsentation neuer Technik, sondern dienen vor allem der Vorstellung der teilnehmenden Länder – und der Verwirklichung manch monumentaler Architekturvision wie die Space Needle in Seattle oder das Atomium in Brüssel.

Die 104. Weltausstellung findet 2025 in Osaka, Japan, statt. Wer nicht so weit reisen will, kann auf die 105. im Jahr 2027 in Belgrad warten. In Wien wird es wohl so bald keinen neuen Versuch geben. Der Anlauf für eine gemeinsame Expo mit Budapest, geplant für 1995, wurde vier Jahre davor nach einer Volksabstimmung in Wien abgeblasen. Wobei zumindest die städtebaulichen Effekte der ersten Weltausstellung in der Hauptstadt Österreichs durchaus positiv waren. Eine ganze Reihe großer Hotels wurde damals errichtet, die Eisenbahnlinien in alle k. u. k.-Provinzen ausgebaut und die Straßenbahn – oder wie man damals gesagt hat: die Tramway – ebenso. Der Weg Wiens zur Weltstadt wurde also auch durch die missglückte Weltausstellung vorbereitet.

KAPITEL 3:

VOM MENSCHEN UND SEINER WELT – DIE GESCHICHTE VOM ANTHROPOZÄN

Der Eindruck, dass sich die Welt momentan so rasch wandelt wie nie zuvor, täuscht nicht: Alles geht heute im Rekordtempo vor sich. Politische Entwicklungen, technischer Fortschritt, ökonomischer Wandel, Bevölkerungswachstum, globaler Temperaturanstieg, das Aussterben von Arten, die Ausbreitung von Krankheiten – bis hin zu Pandemien. Mensch und Umwelt bewegen sich im Zeitraffer.

Es sind dabei nicht die Änderungen selbst, die so außergewöhnlich sind, es ist vielmehr die Geschwindigkeit, in der sie passieren. Die Welt hat schon Eiszeiten und Wärmeperioden erlebt, aber in Jahrzehntausenden, nicht innerhalb von Jahrzehnten. Wie rasch derzeit alles vonstattengeht, zeigt ein Blick in die Erdgeschichte. Nehmen wir uns also etwas Zeit dafür.

Wenn Geologen von Erdzeitaltern sprechen, dann meinen sie meist Jahrmilliarden oder zumindest Jahrmillionen. Sie beginnen mit der Entstehung der Erde vor gut 4,5 Milliarden Jahren: mit dem *Hadaikum*. Der Name kommt von Hades, dem griechischen Gott der Unterwelt, und entsprechend hat es damals auf unserem Planeten auch ausgesehen: wüst und leer. Gedauert hat das Hadaikum 600 bis 800 Millionen Jahre, nur ein paar Gesteine haben aus dieser Zeit überdauert. Das älteste ist der Acasta-Gneis in Kanada; 4 Milliarden Jahre ist er alt. Er soll belegen, dass es damals schon so etwas wie ein Urmeer gegeben hat.

Leben braucht Wasser. Das entstand dann im *Archaikum* in den nächsten 1,5 Milliarden Jahren. Anfangs waren es primitive Einzeller, noch ohne Zellkern, vor drei Milliarden Jahren entwickelten sich dann die ersten Bakterien und Mikroben.

Es folgte, 2,5 Milliarden Jahre vor unserer Zeit, das sogenannte *Paläoproterozoikum*. In *Paläo* verbirgt sich das griechische Wort für „alt“, in *Zoikum* das „Leben“. In der Tat fanden sich an seinem Ende bereits Grünalgen und Pilze. Lebewesen, die es heute noch gibt. Davor war allerdings ein großes Artensterben angesagt: Cyanobakterien hatten für einen rasanten Anstieg des Sauerstoffs in der Erdatmosphäre gesorgt, das ist gut für das moderne Leben und für uns heute. Schlecht war es für die damals vorherrschenden Lebensformen, die nämlich vor allem anaerobe, also ohne Sauerstoff lebende Mikroorganismen waren. Die Wissenschaft nennt dieses erste Massensterben der Erdgeschichte die „große Sauerstoffkatastrophe“.

Im darauffolgenden Erdzeitalter, vor etwa einer Milliarde Jahren, bekamen die Einzeller erstmals einen Zellkern – und ein Geschlecht. Mikroskopisch klein blieben sie. Erst in der folgenden halben Milliarde Jahre wurden sie dann immer größer – als Pflanzen, als mehrzellige Tiere. 541 Millionen Jahre vor unserer Zeit – so genau datieren das die Geologen mittlerweile – begann dann das *Paläozoikum* oder Erdaltertum. Das Leben wurde damals immer reichhaltiger, aber anfangs nur im Meer.

Vor 300 Millionen Jahren waren dann allerdings auch die Kontinente besiedelt. Riesenlibellen mit 70 Zentimeter Flügelspanne flogen durch die Wälder, sie wären für uns wohl ein schönerer Anblick als die 2,5 Meter langen Gliederfüßer, die damals durch die Sümpfe krochen.

Es folgte der Auftritt der Dinosaurier im *Mesozoikum* vor 235 Millionen Jahren. Und ihr Abtritt in der Erdneuzeit, die vor 66 Millionen Jahren begann. Der Grund dafür ist bis heute nicht restlos geklärt. War es ein riesiger Meteoriteneinschlag? 170 Millionen Jahre Herrschaft über die Erde sind aber ohnehin ein ordentlicher Erfolg in Sachen Überlebensfähigkeit und biologischer Hegemonie.

Der Mensch betrat die Erde vor etwa zwei Millionen Jahren, oder besser gesagt: Er richtete sich auf. Der *Homo erectus* ging ins *Holozän*, wie Geologen die Gegenwart bezeichnen, und befindet sich jetzt im *Anthropozän*, im Erdzeitalter des Menschen. Dieser Begriff wurde erst im Jahr 2000 in die wissenschaftliche Debatte eingeführt, aber er beschreibt trefflich, wie der Mensch mit der Erde umgeht: Er formt sie wie kein Lebewesen und wohl auch kaum ein Elementarereignis vor ihm, und er macht das in einer explosionsartigen Geschwindigkeit.

Diese Abfolge der Erdzeitalter vermittelt ein Gefühl dafür, in welchen Zeitdimensionen Veränderungen bisher stattgefunden haben. Der Blick auf die Gegenwart zeigt im Vergleich dazu, wie weitreichend und allumfassend der Einfluss des Menschen auf seine Umwelt mittlerweile ist: Er forstet auf und verwüstet, er siedelt an und rottet aus, er erbaut und reißt ab. Die Niederlande haben ein Viertel ihrer Staatsfläche dem Meer abgerungen. Eine beeindruckende – menschengemachte – Veränderung des Antlitzes der Erde. Der Anstieg des Meeresspiegels durch den ebenfalls menschengemachten Klimawandel stellt dies gerade wieder infrage.

Was wird vom Anthropozän bleiben, sollte der Mensch einmal nicht mehr sein, so wie die anaeroben Mikroorganismen nach der „großen Sauerstoffkatastrophe" oder die Dinosaurier nach dem Mesozoikum? Wird man unser Zeitalter nach späteren archäologischen Funden einmal das Aludosen-Zeitalter nennen? Die Plastikflaschen-Ära, so wie wir heute von den Menschen der Bandkeramik-Kultur sprechen? Wird sich die Beton- und Asphalt-Grabungsschicht zehn Meter unter dem dann aktuellen Bodenniveau befinden? Oder werden unsere Technik und unsere wissenschaftlichen Errungenschaften, unsere Computer und unsere künstlichen Intelligenzen alle drohenden Gefahren überdauern? Wird alles so bleiben, wie es ist, nur noch besser, noch geplanter, noch angenehmer? Ein Blick in die Geschichte zeigt, was sich bisher schon alles geändert hat. Womit wir umgehen konnten – und womit nicht.

Woher wir kommen und warum uns Ötzi fremd erscheint

Im Jahr 1991 war ich Redakteur einer österreichischen Tageszeitung und im September dieses Jahres bewegte uns Journalisten eine Wissenschafts-Story sehr. Sie gehörte zu einem Bereich, der uns sonst eher kalt ließ: Es handelte sich um eine archäologische Entdeckung.

Nach einem langen und warmen Sommer war am Niederjoch-Ferner in den Ötztaler Alpen eine Gletscherleiche aus dem Schnee geapert. Die Experten sprachen rasch von einer Sensation, handelte es sich dabei doch, wie man schnell feststellte, um die einzige durch natürliche Gefriertrocknung konservierte Leiche aus der Kupfersteinzeit. Auch wenn die Wissenschaft zuerst noch nicht so genau wusste, aus welcher exakten Epoche der recht mitgenommen wirkende Leichnam stammte.

Das mit der Gefriertrocknung klang irgendwie aufregend, man kannte das sonst nur aus der Lebensmittelindustrie. Der Fund war eine gute Geschichte, keine Frage. Aber eine gute Story braucht auch ein *Catchword*, wie wir Journalisten das nennen, also einen eindeutigen, unverwechselbaren Begriff, damit die Leser auch am nächsten Tag noch wissen, von wem gerade die Rede ist. Die Konkurrenz blieb nicht untätig. Sie schrieben von der „Similaun-Mumie", nach einem benachbarten Gipfel, oder vom „Mann vom Hauslabjoch". Manche auch vom „Tisenjoch-Mann", das war schon besser, weil kürzer und damit einfacher in einer Schlagzeile zu gebrauchen. Niki, der Chef der Chronik-Redaktion unseres Blattes, entschied damals radikal: Die Leiche war im Ötztal gefunden worden, wir nannten ihn also kurz und griffig Ötzi. Eigentlich war der Name einem *Kurier*-Redakteur eingefallen, dort hatte man die etwas despektierliche Abkürzung aber abgelehnt.

Dieses Wording blieb haften. International. Ötzi hat heute ein eigenes Museum in Bozen in Südtirol, weil der Fundort schlussendlich doch nicht im österreichischen Ötztal lag, sondern knapp hinter der italienischen Grenze. Doch beim Namen Ötzi blieb es, der bekannte und beliebte Unterhaltungskünstler Gerry Friedle bezog sogar seinen Künstlernamen daraus, mit der kleinen Ergänzung *Di-tschey*.

Der wissenschaftliche Rang der Entdeckung ist bis heute unbestritten. Und immer noch kommen neue Erkenntnisse zum Vorschein, manche machen sogar bis jetzt Schlagzeilen. Etwa als im Sommer 2023 eine Genanalyse der Gletschermumie vorgestellt wurde. Ötzi war nämlich, so stellte sich heraus, braun- und nicht hellhäutig gewesen wie die meisten heutigen Menschen in Europa. Ein gelindes Erschrecken ging durch die Reihen derer, die aus ihren Schulbüchern ein recht klares Bild von Steinzeitmenschen mitgenommen hatten: Die waren stets etwas plump von Gestalt, in Felle gekleidet, aber von der Hautfarbe her eindeutig so hell wie heute ein Schwede oder Norweger dargestellt.

Aber dieses Bild ist falsch. Der moderne Mensch, der *Homo sapiens*, stammt aus der afrikanischen Savanne. Erst vor rund 100.000 Jahren haben erste Gruppen des *Homo sapiens* Afrika verlassen. Die sahen daher auch aus, wie Menschen im südlichen Afrika heute aussehen: mit dunkler Hautfarbe. In Europa trafen sie dann auf die Neandertaler, und beide lebten über Jahrzehntausende friedlich nebeneinander, bis die Neandertaler vor etwa 40.000 Jahren ausstarben.

Platz gab es genug für beide Menschenarten. Forscher schätzen, dass in der Epoche der Jäger und Sammler, also vor der Erfindung der Landwirtschaft, in ganz Europa rund 100.000 Menschen lebten. Das sind weniger, als heute allein im zweiten Wiener Gemeindebezirk, in der Leopoldstadt, zu Hause sind. Diese 100.000 Menschen, *Sapiens* oder *Neanderthalensis*, haben aber nicht nur nebeneinander gelebt, sondern auch miteinander. Der Genpool moderner Europäer beinhaltet zwischen ein und vier Prozent Neandertaler-Gene. Die sogenannten „reinrassigen" *Homo sapiens* leben heute nur mehr südlich der Sahara.

Die weiße Hautfarbe moderner Europäer kam übrigens auch nicht von den Neandertalern, denn die dürften ebenfalls eine eher dunkle Haut gehabt haben. Die sogenannten „Weißen" kamen erst nach dem Ötzi nach Europa, wahrscheinlich aus der Kaukasus-Region. In den USA werden hellhäutige Menschen in amtlichen Unterlagen daher auch als *Caucasians* bezeichnet. Diese Menschen aus dem Kaukasus besaßen zwei hervorstechende Merkmale: Sie hatten offenbar eine höher entwickelte Technik, das ist im Wettbewerb um den Lebensraum immer ein Vorteil. Und sie hatten eben eine helle Haut.

Ötzi dürfte laut den wissenschaftlichen Untersuchungen zwischen 3260 und 3290 vor Christus gestorben sein. Die Kaukasier kamen erst ein paar Hundert Jahre später an, so etwa ab 3000 vor Christus. Sie haben sich in Europa allerdings in wenigen Jahrhunderten durchgesetzt. Nicht wegen der Hautfarbe natürlich, sondern wegen der technologischen Überlegenheit ihres Ackerbaus. Die weiße Haut war in Europa aber ebenfalls von Vorteil: Sie stellt die ausreichende Versorgung mit Vitamin D3 auch bei weniger Sonneneinstrahlung sicher. Die Zuwanderer aus dem Kaukasus waren dadurch also gesünder als die Ureinwohner.

Wobei Ötzi selbst ebenfalls einer Migrationspopulation entstammte. Die Genanalyse ergab, dass zumindest seine Vorfahren aus dem Gebiet des heutigen Anatoliens kamen. Anatolien, das angrenzende Mesopotamien und der gesamte Nahe Osten gelten ja zu Recht als die Wiege der menschlichen Kultur. Dort hat der *Homo sapiens* die ersten Zivilisationen gebildet, dort hat er die ersten Städte gebaut, die erste Schrift erfunden. In dieser Gegend ist auch der Ackerbau entstanden, im Rahmen der sogenannten „jungsteinzeitlichen Revolution" vor gut 10.000 Jahren. Dadurch konnte man plötzlich sehr viel mehr Menschen ernähren als zuvor durch Jagen und Sammeln. Die deshalb stark wachsende Bevölkerung zog dann weiter, gründete Siedlungen. Irgendwann kamen diese Menschen auch nach Tirol und wurden dort zu den Vorfahren des Ötzi. Das ist zumindest die wahrscheinlichere Interpretation der nun vorliegenden Analyse von Ötzis nahöstlichen Genen. Die unwahrscheinlichere ist: Er ging selbst diesen weiten Weg. Zu Fuß Tausende Kilometer durch eine Welt ohne Straßen sind zwar denkbar, aber unbequem.

Im Übrigen erweckt Ötzis Ursprungsland Anatolien bei uns heute völlig falsche Assoziationen: Wir denken dabei an eine türkische Bevölkerung. Doch die Türken kamen erst im 14. Jahrhundert nach Christi Geburt nach Anatolien, als zuvor nomadisches Steppenvolk aus Asien. Da lag Ötzi schon seit 4500 Jahren im Gletschereis. Sein Anatolien war jenes der frühen Hochkulturen, der ersten großen Städte. Dort wurde zum ersten Mal Kupfer als Material für Werkzeuge und Schmuck verwendet, die Steinzeit ging in diesen Gebieten früh zu Ende. In unserer Gegend dauerte sie noch rund 800 Jahre länger.

Warum wir Menschen so viele sind

Ganz offen gesagt: Es hätte auch vorbei sein können mit dem Menschen. Als vor 74.000 Jahren auf Sumatra der Supervulkan Toba ausbrach, war die Erde ein paar Jahre lang ein höchst ungemütlicher Ort. Untersuchungen von Bohrkernen zeigen, dass durch die ausgestoßenen Staubmengen die Temperaturen weltweit um drei bis fünf Grad zurückgingen. Afrika muss damals besonders stark betroffen gewesen sein. Nur ein paar Tausend Menschen der Gattung *Homo sapiens* haben damals überlebt und sich erfolgreich an den Klimawandel angepasst, lautet eine Theorie. Diese Anpassung habe dann auch zur immer erfolgreicheren Auswanderung auf andere Kontinente geführt.

Eine Theorie, wie gesagt. Ziemlich gesichert ist jedenfalls, dass vor 10.000 Jahren – also 64.000 Jahre nach der Toba-Katastrophe – weltweit rund 5 Millionen Menschen lebten. Der Großteil davon in Afrika und (Vorder-)Asien und rund 100.000 von ihnen in Europa.

Ackerbau und Viehzucht, Dörfer und Städte, die Entdeckung und Nutzung von Kupfer, Bronze und Eisen führten zu einer ersten Bevölkerungsexplosion. Vor 2000 Jahren, rund um Christi Geburt, durften rund 150 bis 300 Millionen Menschen auf der

Erde gelebt haben. 75 Millionen davon im Chinesischen Reich, rund 60 Millionen im Römischen Reich. Die Stadt Rom war zur Zeit von Kaiser Augustus die erste Millionenstadt der Welt, und sie sollte weitere 1800 Jahre auch die einzige bleiben.

Mit der Hochblüte Roms und der Han-Dynastie in China war für viele Jahrhunderte der Plafond an menschlicher Bevölkerung erreicht. Diese großen Reiche gingen schließlich in Völkerwanderungen und Mongolenstürmen unter. Wo es zuvor klassische Zivilisation gegeben hatte, herrschten nun Gewalt, Unsicherheit und das sprichwörtlich „dunkle“ Mittelalter. Um die erste nachchristliche Jahrtausendwende lebten ungefähr gleich viele Menschen wie zu Christi Geburt auf der Erde, rund 300 Millionen. Und es wurde nicht besser.

Für das Gebiet des heutigen Österreich sind großteils keine validen Zahlen vorhanden. Es gab in der Eisenzeit zwar schon größere Siedlungen hier. Nicht umsonst heißt eine ihrer Perioden „Hallstatt-Zeit“, nach den beeindruckenden Funden im Umfeld des jahrtausendealten Salzbergwerks. Schriftliche Aufzeichnungen gibt es jedoch erst mit der Römerzeit. Die Austria Romana, das römische Österreich, wurde unter Kaiser Augustus annektiert und kolonisiert. Legionslager und Städte wurden gegründet. Carnuntum an der Donau war die größte von ihnen, mit zeitweise mehr als 50.000 Bewohnerinnen und Bewohnern. Vindobona, das heutige Wien, zählte etwa 16.000 Menschen.

Im 5. Jahrhundert zogen die Römer ab, die Völkerwanderung hatte ihre Siedlungen nördlich der Alpen unhaltbar gemacht. Das heutige Österreich wurde zu einem über Jahrhunderte fast geschichtslosen Durchzugsgebiet. Bevölkerungszahlen liegen für unser Land aus dieser Zeit keine vor. Fürs Gebiet des heutigen Deutschland geht man von etwa 4 Millionen Menschen im Jahr 1000 aus. Eine Wärmeperiode mit guten Ernten ließ diese Menge bis 1200 auf 8 Millionen steigen. Und 1340 waren es bereits 14 Millionen.

Dann kam die Pest: 100 Jahre später lebten noch 9,7 Millionen Menschen im „Heiligen Römischen Reich Deutscher Nation", zu dem damals auch (fast) ganz Österreich gehörte. Auch danach ging das Auf und Ab in der Population weiter. 17,2 Millionen Einwohner im Jahr 1618, nach dem 30-jährigen Krieg bis 1648 waren es dann nur mehr zehn Millionen.

Die gesamte Weltbevölkerung betrug zu diesem Zeitpunkt, um 1650, etwa eine halbe Milliarde Menschen. Doch Europa und Asien wuchsen ab da rasant, während auf anderen Kontinenten die Zahlen zurückgingen: In Amerika sank die Zahl der Menschen nach dem Ankommen der Europäer von zuvor 50 Millionen auf nur mehr 5 Millionen. Eroberungszüge und Seuchen hatten die amerikanischen Ureinwohner beinahe ausgerottet.

Im Jahr 1804 war dann weltweit die Milliarde erreicht. Die zweite Milliarde hatte die Menschheit 123 Jahre später voll, im Jahr 1927. Drei Milliarden waren es 1960, vier Milliarden 1974. Und seither kommen etwa alle zwölf Jahre eine weitere Milliarde Menschen dazu. Momentan sind es mehr als 8 Milliarden. Bei rund 100 Milliarden Menschen, die es seit der Menschwerdung gegeben hat – und da sind *Homo erectus*, *Homo habilis* und *Homo neanderthalensis* schon miteingerechnet –, heißt das, dass rund acht Prozent aller jemals lebenden Menschen gerade jetzt, in diesem Moment leben. Religionen, die auf dem Prinzip der Seelenwanderung beruhen, haben angesichts dessen zumindest arithmetisch ein Problem.

Wie wir Karst und Heide gemacht haben

„Macht euch die Erde untertan", lautet in der Bibelübersetzung von Martin Luther der Auftrag Gottes an den Menschen. Und: „Herrschet über die Fische des Meeres, die Vögel des Himmels, über das

Vieh und alles Getier." Wenige andere göttliche Aufträge hat der Mensch so getreulich erfüllt wie diese aus dem Buch Genesis.

Auch wenn moderne theologische Auslegungen dieses biblischen Herrschaftsauftrages eine ökologischere Interpretation versuchen, klar ist: Der Mensch, fruchtbar und entsprechend vermehrt, um einen weiteren Teil dieser Aufforderung zu erwähnen, hat die Natur seit Jahrtausenden verändert. Schon zu Zeiten Jesus Christus' hatte das menschliche Tun manches unwiederbringlich zerstört. So waren die Küsten des Mittelmeeres zu Beginn der Antike durchgängig bewaldet. An ihrem Ende gab es die Karstlandschaften und Macchien, die wir heute noch kennen und die wir mit einer „mediterranen Landschaft" verbinden: Steinwüsten mit gelegentlichem Gestrüpp, weitgehend unfruchtbar.

Der Grund für diese Verkarstung liegt auf der Hand: Der erste und früheste Energielieferant der Menschheit war Holz. Man hat es zum Bauen genutzt, für Häuser, für Schiffe, aber man hat es vor allem als Brennholz gebraucht, zum Heizen, zum Kochen. Je größer und bevölkerungsreicher die Gesellschaften rund um das Mittelmeer wurden, desto mehr Bäume wurden gefällt. Man hat die Wälder und in der Folge auch die Felder buchstäblich weggeheizt.

Zuerst geschah dies in wirklich großem Ausmaß dort, wo Bergbau stattfand oder wo fürs Brennen von Keramik große Öfen gebraucht wurden. Wenn die nähere Umgebung gerodet war, ging es ans Heranholen des Brennmaterials aus entfernteren Gebieten. Die damals bereits gebräuchliche Produktion von Holzkohle hatte einerseits den Vorteil, dass diese Kohle wesentlich leichter war als Holz, andererseits war sie auch viel haltbarer. Der Nachteil war, dass immer entlegenere Gebiete entwaldet wurden, um den Energiebedarf vor allem des stetig wachsenden Römischen Reiches zu stillen. Weil es aber nicht nur einen gewaltigen Hunger nach Energie, sondern einen ebensolchen nach Nahrungsmitteln gab, führte eine intensive Beweidung der Flächen mit Nutztieren zu weiterer Versteppung und Verkarstung rund um die antiken Bevölkerungszentren. Immer neue Provinzen wurden erobert und erschöpft. Der Niedergang des Römischen Reiches war zugleich auch eine Phase der Entwaldung, der Bodenerosion, der Zerstörung vieler natürlicher Ressourcen.

Den Römern war die Problematik durchaus bewusst. So ließ Kaiser Hadrian die Libanon-Zedern schützen, die fast zur Gänze für den Schiffsbau abgeholzt worden waren. Dieses Schlägerungsverbot durch den Kaiser in Rom war eines der ersten Umweltgesetze. Ein weiteres war ein Erlass von Julius Cäsar, der das Verunreinigen von Wasser mit strengen Strafen ahnden ließ. Doch diese Maßnahmen waren nur punktuell und änderten nichts an der grundsätzlichen Problematik der Übernutzung.

Die Erschöpfung der natürlichen Ressourcen endete nicht mit dem Untergang des römischen Imperiums, sie legte bloß eine Pause ein. Spätestens mit dem Ende des Mittelalters war die Holznot, die in der Antike den Mittelmeerraum betroffen hatte, auf ganz Europa übergegangen. Um das Jahr 1500 war der Anteil der Wälder in Europa ziemlich gleich groß wie heute. Die von den römischen Schriftstellern beschriebenen „undurchdringlichen Wälder" des Nordens gehörten zu diesem Zeitpunkt schon der Vergangenheit an. Etwa zwei Drittel der Waldflächen des Frühmittelalters waren im Spätmittelalter bereits gerodet. Und wo es sie doch noch gab, ging es mit ihnen zu Ende, als bestimmte Industrien aufkamen. Was heute Lüneburger Heide heißt und eine recht karge Buschlandschaft im Norden Deutschlands ist, war im Mittelalter noch dicht bewaldet. Dann wurden einerseits Bergbaubetriebe und andererseits Salinen eingerichtet, und innerhalb von nur zwei Jahrhunderten waren die Wälder einer Heide gewichen, die gerade noch für die Beweidung mit Schafen, den Heidschnucken, nutzbar war. Mit einer Schafrasse also, die für ihre besondere Genügsamkeit bekannt ist.

Ums Jahr 1800 gab es in Deutschland kaum noch geschlossene Wälder. Es begann eine Zeit der Aufforstung und der Suche nach Alternativen zum Brennstoff Holz. Schließlich kam man zum Beispiel dahinter, dass man jenes Material, das man bis dahin bei der Tongewinnung als unbrauchbar entsorgt hatte, auch verbrennen konnte, wenn man es vorher trocknete. Das war der Beginn der Braunkohleförderung.

So half der Erfindergeist des Menschen ihm zunächst über jeden auftretenden Energiemangel hinweg. Für die wachsende Eisen- und Stahlindustrie fraß sich nun der Kohletagebau durch die Landschaften. Als die Verbrennungsmotoren aufkamen, entdeckte man beinahe überall auf der Welt Ölquellen. Tankten die ersten Autos noch teures Benzin aus der Apotheke, drückten Ölfunde von Galizien bis Texas den Preis für ein Barrel Rohöl – also ein 159-Liter-Fass – über Jahrzehnte auf nur etwa drei Dollar. Zum Vergleich: Heute liegt er zwischen 70 und 100 US-Dollar.

Mensch und Markt fanden also immer Wege heraus aus Versorgungskrisen. Auf die Umwelt nahmen sie dabei aber kaum Rücksicht. Das beginnt bei den bis heute der Zerstörung anheimfallenden Dörfern in deutschen Braunkohlegebieten und reicht bis zum aktuellen Klimawandel.

Schutzmaßnahmen waren dagegen meist sehr kurzfristig und kurzsichtig angelegt. Die Folgen eines der ersten modernen Umweltgesetze kann man zwar immer noch sehen, seine Wirksamkeit ist aber ein wenig zweifelhaft: Die hohen Schornsteine, die man heute auf alten Fabriksgeländen erblicken kann, waren eine bereits im 19. Jahrhundert vorgeschriebene Umweltschutzmaßnahme. Durch ihre Höhe wurden die Abgase in die weitere Umgebung vertragen und verdünnt, man verzeichnete dies unterm Schlagwort „Luftreinhaltung". Und doch war das 19. Jahrhundert jene Zeit, in der auch der Gedanke des Naturschutzes erstmals breiter aufgegriffen wurde. Ein Beispiel dafür ist die Rettung des Wienerwaldes. Dass es diesen heute noch gibt, ist der letztlich erfolgreichen Initiative eines einzelnen Mannes zu verdanken.

Nach dem verlorenen Krieg gegen Preußen im Jahr 1866 hatte Kaiser Franz Joseph kein Geld mehr, er begab sich daher auf die

Suche nach neuen Einnahmequellen. Eine der wichtigsten sollten die Wälder gleich bei Wien sein. Der Kaiser erteilte dem Wiener Holzhändler Moritz Hirschl den Auftrag, zunächst einmal ein Viertel der dortigen Waldflächen schlägern zu lassen. Ein Journalist namens Josef Schöffel erfuhr davon und rief eine Kampagne ins Leben, um den Wienerwald zu schützen. Anfangs recht erfolglos, Schöffel wurde wegen „Herabwürdigung von Verfügungen der Behörden" sogar vor Gericht gestellt, 1872 jedoch in einem aufsehenerregenden Prozess freigesprochen. Dass 1873 in Wien ein Börsenkrach stattfand und der Bedarf an Bau- und Brennholz in der darauffolgenden Wirtschaftskrise zurückging, mag bei der Rettung des Wienerwaldes zusätzlich geholfen haben, der Kaiser ließ den Plan jedenfalls fallen. 1905 wurde der Wienerwald auch gesetzlich unter Schutz gestellt, ein Glücksfall für die grüne Lunge der Millionenstadt.

Der Wald war stets jener Bereich, der vielen Menschen besonders am Herzen lag. Saurer Regen und Waldsterben entfachten in den 1970er- und frühen 1980er-Jahren eine Diskussion, die zur Gründung von Umweltschutzorganisationen und Grünen Parteien in vielen Ländern Europas führte. Aber nicht nur Oppositionsparteien, auch Regierungen nahmen die neue Bedrohung durch Umweltzerstörung und die gewandelte Meinungslage wahr. So war Österreich 1972 eines der ersten Länder, das ein eigenes Umweltministerium einführte. In Deutschland war es erst 1986 so weit, 14 Jahre später. Das Bewusstsein, dass mit der Umwelt auch der Mensch selbst bedroht ist, war nun auch in den politischen Kreisen angekommen. Die Bereitschaft, wirklich unpopuläre Maßnahmen umzusetzen, allerdings nicht. Die Hoffnung, dass „alles schon nicht so schlimm" werde, lebt bei vielen bis heute. Und in der Tat hat sich der Mensch bisher als ein Wunder an Anpassung und Chancennutzung erwiesen. Es sind aber auch schon Zivilisationen untergegangen, menschliche Siedlungen verschwunden.

Das berühmteste Beispiel für den Untergang einer Kultur aufgrund von Umweltzerstörung ist die Osterinsel vor Chile. Als sie im 7. Jahrhundert erstmals von Menschen besiedelt wurde, war sie über und über mit Palmen bedeckt. Eine radikale Entwaldung und eine damit einhergehende Bodenerosion führten nach einigen Jahrhunderten zu immer schlechteren Lebensbedingungen. Hatte sich zunächst eine eigene Hochkultur der Menschen auf Rapa Nui gebildet, die bis heute für ihre beeindruckenden überlebensgroßen Steinfiguren bekannt ist, begann mit dem Hunger eine Zeit der Kriege und des Niedergangs.

Tausend Jahre nach der Besiedlung der Insel, im ausgehenden 17. Jahrhundert, war alles gerodet und verbrannt, die Gebäude und Kultplattformen zerstört, die Steinköpfe umgeworfen. Die Osterinsel-Kultur ging unter, und die ersten Europäer, die die Insel betraten, waren sich in ihrem Urteil einig: Diese unfruchtbare und weitgehend öde Insel war eine Eroberung und Annexion nicht wert. Hatten zu Zeiten der Hochkultur rund 9000 Menschen die Osterinsel bevölkert, waren es bei der ersten Zählung durch Ethnologen im Jahr 1877 nur mehr 111 Rapa Nui. Es kann also gelegentlich auch schlecht ausgehen mit Übernutzung und Verbrauch aller Ressourcen.

Wieso die Welt doch besser wird

Die letzten Jahre waren unbestritten Krisenjahre. Pandemie, Kriege, Inflation: Die Liste der schlechten Nachrichten ist lang. Dazu kommen dann noch der nicht mehr bestreitbare Klimawandel, neue Migrationsströme, die schwer zu bewältigen sind, und eine Politik, die ihr Heil in Polarisierung sucht. Und doch gibt es auch sie: die guten Nachrichten. Blickt man in der Geschichte zurück, so gab es auch in großen Krisen immer wieder Entwicklungen , die die Welt besser gemacht haben, sicherer, lebenswerter. Bisher zumindest.

Beginnen wir bei einem zentralen Wert: der Lebenserwartung. Ein Bub, der im Jahr 2023 in Österreich geboren wurde, hat eine durchschnittliche Lebenserwartung von 79,4 Jahren, ein Mädchen sogar von 84,2 Jahren. Das ist ein gewaltiger Sprung gegenüber dem Jahr 1800. Damals wurden Menschen in Europa im Schnitt 33,3 Jahre alt. Ein Grund für diese erschreckend niedrige Zahl war die hohe Kindersterblichkeit: Die Wahrscheinlichkeit, dass ein im Jahr 1800 in Europa geborenes Kind in den ersten fünf Jahren versterben würde, lag bei 43,3 Prozent. Fast die Hälfte aller Kinder starben also, bevor das Alter zur Einschulung erreicht wurde. Heute liegt dieser Wert in Österreich bei 0,4 Prozent.

Aber nicht nur die Kinder sind heute gesünder, auch die Erwachsenen sind es. Rund 65 gesunde Lebensjahre erwarten sie heute im Durchschnitt, bevor ernsthafte Krankheiten auftreten. Das ist ein Anstieg um zweieinhalb bis drei Jahre alleine seit dem Jahr 2005, nur die Coronapandemie hat diesen Wert zuletzt ein wenig sinken lassen.

Nach wie vor erkranken jedes Jahr rund 40.000 Österreicher an Krebs. Während 1983 aber nur 40 Prozent von ihnen die folgenden fünf Jahre überlebten, sind es jetzt schon 66 Prozent. Auch die Zahl der HIV-Infektionen hat sich seit den 90er-Jahren halbiert. Pocken sind überhaupt seit 1977 ausgerottet.

Die bessere gesundheitliche Situation geht mit der besseren wirtschaftlichen Lage einher. 1980 lebten noch rund die Hälfte aller Menschen weltweit in extremer Armut. Als extrem arm gilt, wer weniger als zwei Euro am Tag zur Verfügung hat. Im Jahr 2019 waren das nur mehr 11 Prozent der Weltbevölkerung.

Die Wirtschaftsleistung pro Kopf hat sich seit dem Jahr 1960 vervierfacht, sowohl in Österreich als auch im Rest der Welt. Der steigende Wohlstand bringt auch ein Mehr an sozialer Sicherheit. Mussten damals noch weltweit ein Viertel aller Kinder zwischen 5 und 14 Jahren arbeiten, sind es heute zehn Prozent. Immer noch ein erschreckender Wert, aber ein deutlich niedrigerer.

Der ökonomische Aufschwung hängt wiederum mit der Bildung zusammen: Konnten 1950 nur 36 Prozent aller Menschen lesen und schreiben, liegt die globale Alphabetisierungsrate heute bei 86,8 Prozent. Es gibt zwar auch gegenläufige Tendenzen, die Taliban-Diktatur in Afghanistan ist ein Beispiel dafür, aber allgemein gilt doch: Frauen sind nicht mehr länger von Bildung ausgeschlossen. Noch 1970 wurden weltweit nur 65 Prozent aller Mädchen eingeschult, inzwischen sind es mehr als 90 Prozent.

Auch der Hunger geht zurück: Waren 1970 noch 28 Prozent aller Menschen unterernährt, waren es zuletzt nur noch neun Prozent, der überwiegende Teil davon in Afrika und Asien. Dass die Entwicklung in diese Richtung geht, ist deutlich gesteigerten Ernteerträgen zu verdanken. Der Getreideertrag je Hektar stieg in den letzten 60 Jahren von rund 1,4 Tonnen auf knapp 3,8 Tonnen. Der Ertrag von Mais hat sich in derselben Zeit verdreifacht.

Sogar bei vielen Umweltkennzahlen sieht es einigermaßen gut aus: Fast 90 Prozent der Menschen haben heute Zugang zu sauberem Wasser. 1980 lag dieser Wert noch bei 58 Prozent. Inzwischen schließt sich sogar das Ozonloch: Betrug der Ausstoß an ozonzerstörenden Substanzen im Jahr 1970 noch 1,6 Millionen Tonnen jährlich, lag er zuletzt mit 22.000 Tonnen im Hundertstelbereich des Ausgangswertes. Und die Feinstaubbelastung hat sich seit 1970 gedrittelt, die Todesraten aufgrund von Luftverschmutzung ebenso. Außerdem sind mittlerweile 14,7 Prozent der Erdoberfläche als Naturschutzgebiet oder Nationalpark ausgewiesen. Vor 100 Jahren waren es 0,03 Prozent.

Wer sich all diese Zahlen ansieht, kann durchaus zum Schluss kommen, dass sich vieles auf dem richtigen Weg befindet. Dass es aber auf diesem Weg noch einiges zu gehen gibt, ist wohl ebenfalls unbestritten. Denn es gibt auch die anderen, die negativen Fakten: Die Belastungsgrenzen der Erde sind mittlerweile in der Hälfte der von der Wissenschaft festgelegten Parameter überschritten, von der Aussterberate bei Tieren und Pflanzen bis zum

Phosphoreintrag in Gewässer. Und dass der CO_2-Ausstoß fast ungehindert voranschreitet und die weltweiten Temperaturen kontinuierlich ansteigen, ist täglich nachzulesen.

KAPITEL 4:

VON HEIDENFREUDEN UND CHRISTLICHEN FEIERTAGEN

Hin und wieder kann man auch einfach nur das Feiern feiern: Sich gemeinsam zu freuen, sich miteinander zu erinnern, gibt der Welt einen festen Rahmen. Feste ermöglichen Gemeinschaft, sie strukturieren das Jahr. Sie definieren eine Zusammengehörigkeit. Oder andersrum formuliert: Wer miteinander feiert, gehört dazu.

Die Bauernhochzeit, zu der das ganze Dorf eingeladen ist, bringt die Nachbarschaft zusammen. Wenn Kinder aus türkischen Familien heiraten, dann füllen sich die Mehrzweckhallen in unseren Vorstädten. Es wird dann Heimat in einer Umwelt hergestellt, die zugewanderte Menschen immer noch als „Gastarbeiter" betrachtet und damit als fremd definiert. Auf diesen Festen ist man aber hundertfach unter sich, man isst und tanzt gemeinsam und ist dann doch beisammen daheim.

Gemeinsame Feiertage schaffen Identität. Am St. Patrick's Day feiern die Iren sich selbst und färben alles grün. Am Pi Day im März sind die Nerds und Zahlenfreaks dran, weil der 14. dieses Monats in der amerikanischen Schreibweise 3.14 lautet. Es geht aber auch ganz anders: Mitglieder der Zeugen Jehovas feiern Weihnachten nicht und auch nicht den eigenen Geburtstag – auch das ist eine Form von Gruppenidentität.

Das gemeinsame, ritualisierte Feiern gibt es wohl schon so lange, wie es komplexere menschliche Gesellschaften gibt. Das Römische Reich feierte *Bacchanalien*, *Saturnalien*, *Lupercalien* und *Bona Dea*. Außerdem kannte es daneben noch weitere 90 Feiertage, es ging also ziemlich rund im alten Rom. Im alten Ägypten gab es Feiertage zu den Thronbesteigungen der Pharaonen, dazu Erntedankfeste, Aussaat-Feiertage und – wir sind eben in Ägypten – Überschwemmungsfeiern. Die jährliche lebenswichtige Nilüberflutung wurde mit Festen begleitet. Die zugehörigen Feiertage brachten entweder der Lauf der Jahreszeiten oder die Götter, häufig vermischte sich beides. In Babylonien wurde das ursprüngliche Fest zur Gerstenaussaat später zum Neujahrsfest *Akitu*, das mit elftägigen Prozessionen begangen wurde.

Dieses babylonische Neujahrsfest ist eines der ältesten schriftlich überlieferten Feste der Welt, belegt ist es seit dem 3. Jahrtausend vor Christus. Aber auch in der vorgeschichtlichen Zeit, vor den ersten schriftlichen Quellen also, waren die Gesellschaften von wiederkehrenden Feiern geprägt. Einen Blick in diese prähistorische Vergangenheit gewähren Traditionen, die in ursprünglichen Gesellschaften überdauert haben. Eines der interessantesten dieser Feste ist der sogenannte Potlatsch.

Der Potlatsch war das wichtigste Fest der Ureinwohner der nordamerikanischen Westküste, also jener Stämme, die vom heutigen Kalifornien bis hinauf nach Kanada siedelten. Es war ein Fest des Schenkens, bei dem ein Häuptling sein Ansehen dadurch steigern konnte und musste, dass er seinen anwesenden und oft auch stammesfremden Gästen besonders wertvolle Geschenke machte. Je wertvoller die Gabe, desto größer war seine Ehre. Ein Ritual, das dazu führte, dass im Rahmen eines solchen Potlatsch hin und wieder das gesamte bisher angesammelte Vermögen einer Familie weitergegeben wurde. Sozial war diese Tradition durchaus sinnvoll: Das Verschenken verhinderte, dass sich die Gesellschaft durch ererbten Reichtum auseinanderentwickelte, man blieb also einigermaßen gleich, Häuptlingsfamilie oder nicht.

Den neuen Herren dieser Gebiete, den weißen Siedlern, war dieser Brauch jedoch zutiefst suspekt: Dass man Eigentum nicht ansammelte, sondern freiwillig weitergab, passte nicht ins erwerbsorientierte Weltbild der Neuangekommenen. Sie ließen den Potlatsch daher verbieten. 1884 wurde ein entsprechendes Gesetz zunächst in Kanada erlassen. Vor allem christliche Missionare hatten Druck gemacht – sie sahen diesen Brauch als verschwenderisch, unproduktiv und unzivilisiert an: eine Heidenfreude, die die beabsichtigte Christianisierung massiv störte. Wenige Jahre später zogen die USA nach. Das Verbot dieses Festes galt über 70 Jahre, in Kanada wurde es erst im Jahr 1951 wieder aus dem Gesetzbuch gestrichen. Da waren die Vermögensverhältnisse in den meisten der verbliebenen Indianerreservate jedoch schon so prekär, dass ruinöse Verschwendung ohnehin nicht mehr denkbar war.

Die Tradition des freigiebigen Schenkens an Fremde hat sich hierzulande eher nicht durchgesetzt. Das exzessive Verausgaben beim Feiern ist uns da schon näher. Hochzeiten, die den schönsten Tag im Leben auch zum teuersten machen, Weihnachtsgeschenke, die ein Mindestbudget überspringen müssen, um als adäquat angesehen zu werden. Auch ein Besuch des Wiener Opernballs mit Eintritt, Logenplatz und Austernbar (siehe S. 92, *Des Kaisers Opernball ohne Tanz*) kann einem Potlatsch einigermaßen nahekommen. Vor allem, wenn man in Betracht zieht, dass der Reinerlös mittlerweile an die Aktion „Österreich hilft Österreich" geht. Ein Fest des (nicht ganz freiwilligen) Schenkens also, wenn man es denn so sehen will.

Warum Faschingsprinzen katholisch sind

Die wildeste und lustigste Zeit des Jahres ist in unseren Breiten auch die kälteste. Ausgerechnet im Hochwinter ziehen die Narren durch die Orte und halten ihre Faschingsumzüge ab. Warum sie es gerade dann tun, ist rasch erklärt: weil sie da genügend Zeit dafür haben. Im bäuerlichen Arbeitsjahr waren Jänner und Februar die Monate mit dem geringsten Arbeitsaufkommen, während schon im Märzen der Bauer die Rösslein einspannte, wie es in dem alten Volkslied heißt.

Der Fasching beginnt also nach dem Dreikönigstag und endet mit dem Aschermittwoch zu Beginn der 40-tägigen Fastenzeit. Der 11.11. ist nicht Teil der Faschingszeit, er wurde erst vor 200 Jahren sozusagen behördlich verordnet: Als die Preußen nach den Napoleonischen Kriegen die rheinische Karnevalshochburg Köln übernahmen, war ihnen das narrische Treiben rasch ein Dorn im

Auge. Sie legten daher im Jahr 1823 den 11. November als frühesten Termin für karnevalistische Umtriebe fest.

Denn Fasching, Fastnacht oder Karneval sind konfessionell sehr unterschiedlich beleumundet. Die katholischen Kölner waren immer schon Karnevalsfreunde, die protestantischen Preußen nicht. Martin Luther, der Gründer des Protestantismus, hat den Fasching sogar ausdrücklich abgelehnt. Diese Zeit der Zügellosigkeit war dem Reformator viel zu suspekt.

Grundsätzlich ist der Fasching trotzdem christlichen Ursprungs, das zeigen schon seine Bezeichnungen: Er entstand aus dem „Fasten-Schank", also der letzten Ausschank alkoholischer Getränke, bevor die Oster-Fastenzeit anfing. Die „Fastnacht" kommt aus derselben Wortwurzel, von den letzten Nächten vor dem Fasten. Und Karneval kommt aus dem Lateinischen: *Carne levare* bedeutet übersetzt „das Fleisch wegnehmen". Die noch kürzere Ableitung *carne vale* heißt überhaupt „Fleisch, baba" ...

Der Faschingsbrauch selbst stammt aus dem Mittelalter und wurde rasch zu einer Zeit der Ausschweifung, der Völlerei, der derben Scherze und Spiele. Die Kirche übernahm das Faschingsfest sozusagen mit zugehaltener Nase: Man sah in dieser kurzen Periode der Zügellosigkeit eine Art Ausgleichsventil für die viel längeren Phasen des Maßhaltens und der Unterordnung, die dann ohnehin unmittelbar darauf mit der Fastenzeit begannen.

In der Art, wie er begangen wurde, glich der Fasching ganz alten Traditionen. Schon in der Antike gab es eine Lust am Rollentausch. In Rom beging man Ende Dezember die Saturnalien, die Feste zu Ehren des Gottes Saturn. Dabei verkleideten sich hochgestellte Bürger als Sklaven, es wurde ein Prinz der Saturnalien gewählt und ein *rex bibendi*, ein König des Trinkens. Das erinnert schon sehr an unsere heutigen Faschingsprinzen und Faschingsprinzessinen. Und wenn es im Mittelalter unter deren „Herrschaft" ein wenig zu wüst zuging, konnte man das ja auch als Exempel gebrauchen: Die Kirche konnte anhand dieser eng begrenzten, ausschweifenden und lästerlichen Zeit zeigen, wie schlimm es unter der Herrschaft der Narren und Teufel wäre – um dann die Buße und Erlösung der Fastenzeit anzubieten. Auch die im Fasching oft vorkommende Umkehrung von unten und oben mit Narrenbischöfen und Narrenkönigen diente als Überdruckventil in der sonst so starren mittelalterlichen Gesellschaft und Hierarchie. Die beabsichtigte Lehre lautete: Schaut her, wie arg es zugehen kann, wenn alles ganz anders ist – und jetzt seid alle wieder brav.

Den Gründern des Protestantismus war das alles dennoch viel zu liederlich. Viel zu sehr ein Beleg für die verrottete Welt, eine Hingabe ans Weltliche statt an Gott. Die frommen Reformatoren ließen den Fasching daher verbieten. Diese Trennung hält bis heute an: Will man sich in protestantischen Ländern verkleiden, muss man es an Halloween machen.

Die Fastnachtsbräuche verblieben den Katholiken, und zwar weltweit. Vom Karneval im brasilianischen Rio bis zum Mardi Gras im französisch geprägten New Orleans, die Traditionen waren in all diesen Ländern vom Katholizismus geprägt. *Mardi Gras* heißt übersetzt „Fetter Dienstag", weil da eben zum letzten Mal vor der am Aschermittwoch beginnenden Fastenzeit so richtig fett gegessen werden konnte. Dessen Name kommt von der Asche, mit der die frühen Christen an diesem Tag als Zeichen der Buße bestreut wurden. Bis heute zeugt davon das Aschenkreuz auf der Stirn der Messbesucher.

Ziemlich rätselhaft bleibt aber die sprachliche Herkunft des Rosenmontags. Die Gebrüder Grimm, die ja nicht nur die berühmten Märchen, sondern auch das erste deutsche Wörterbuch herausgegeben haben, leiteten es vom „rasenden Montag" ab, an dem die Narren durch die Stadt „rasten". Eine andere Erklärung kommt vom Rosensonntag, das ist der mittlere Sonntag in der Fastenzeit, an dem der Papst eine goldene Rose segnet. Der Rosenmontag steht nach dieser Ableitung sozusagen für den mittleren Faschingstag, zwischen Faschingssonntag und Faschingsdienstag. Es gibt aber auch eine viel blumigere Erklärung. Bei den römischen Saturnalien wurden nämlich auf den Straßen Blütenblätter von Rosen gestreut. Das ist eine Tradition, die man heute als Konfetti wiederfindet und die ebenfalls den Ausdruck „Rosenmontag" erklären könnte.

Dass der Begriff „die Sau rauslassen" heute fürs Über-die-Stränge-Schlagen, für das hemmungslose Feiern steht, hat seinen Ursprung ebenfalls in der Fastnacht, der fränkischen in diesem Fall: In Nürnberg veranstalteten die Fleischhauer und Metzger an deren Ende ein Fest. Anlässlich des für längere Zeit letztmaligen Fleischkonsums ließen sie zum letzten Mal für knapp sechs Wochen „die Sau raus".

Des Kaisers Opernball ohne Tanz

Bälle sind etwas sehr Österreichisches. Große Tanzveranstaltungen gibt es zwar überall auf der Welt. Aber mit einem Ball in einem der prächtigen heimischen Ballsäle kann das, was in deutschen Mehrzweckhallen nachempfunden wird, nicht mithalten. 2010 ist das Gesamtkunstwerk „Wiener Ball" sogar auf die UNESCO-Liste des immateriellen Weltkulturerbes aufgenommen worden. Allerdings nur kurz: 2012 wurde die Ehrung wieder zurückgenommen. Der Grund dafür war der Akademikerball, auf dem neben Burschenschaftern auch immer wieder Rechtsextreme tanzen.

Die Tradition des Wiener Balls geht auf die Tanzveranstaltungen in der mittelalterlichen Stadt zurück. Vom Tanzen kommt auch der Begriff „Ball" – *ballare* ist Italienisch für tanzen. Im Mittelalter tat man dies vor allem im privaten Rahmen, in Wien sind aus der damaligen Zeit sogenannte Hausbälle bekannt: Wer wohlhabend genug war, richtete in seinem Haus einen Tanzsaal ein und lud seine Bekannten und Freunde dorthin ein. Auch der Obrigkeit war das lieber – man brachte die Feiernden im Fasching damit weg vom öffentlichen Raum und runter von den Straßen. Denn dort herrschte den Stadtoberen ohnehin immer zu viel Unruhe.

Eigene Ballsäle konnten sich selbstverständlich nur die obersten Klassen leisten. Das Tanzen blieb aber nicht auf diese beschränkt: Für das Volk gab es – wiederum in Wien – die Einrichtung der sogenannten Fünf-Kreuzer-Tänze. Diese fanden meist in den Gaststätten der Vorstadt statt. Der Eintritt war grundsätzlich frei, die Musik spielte für alle, man durfte ihr zuhören, wenn man im Lokal etwas konsumierte. Wollte man aber auch auf die Tanzfläche, musste man pro Tanz fünf Kreuzer zahlen. Zum Vergleich: Für neun Kreuzer bekam man einen Laib Brot. Es war also kein ganz billiges Vergnügen.

Am anderen Ende der gesellschaftlichen Skala standen jene Bälle, bei denen auch der Kaiser anzutreffen war. Die waren strikt nur für geladene Gäste, wobei es auch hier zwei Kategorien gab. Der „Ball bei Hofe" war der Hocharistokratie vorbehalten. Beim „Hofball" in den Redoutensälen durfte dagegen auch der einfache Adel teilnehmen. Nobilitiert musste man aber auf alle Fälle sein, wollte man damals in der Hofburg mittanzen. Erst ab Ende des 18. und Anfang des 19. Jahrhunderts gab es dann erste Ballveranstaltungen auch für das Bürgertum, allgemein zugänglich, so wie wir sie heute kennen. Einige davon haben sich bis heute gehalten.

Der älteste öffentliche Wiener Ball ist der Ball der Technischen Universität. Diese wurde 1815 als Polytechnisches Institut gegründet, noch im selben Jahr veranstaltete man einen Ball, den es immer noch gibt. Die Techniker scheinen damals überhaupt besonders tanzfreudig gewesen zu sein. Denn der sogenannte Techniker-Cercle ist ebenfalls schon mehr als 180 Jahre alt, er ist damit der zweitälteste Traditionsball und außerdem einer von nur drei Bällen in der Stadt, auf denen für die Herren Frackzwang herrscht, neben dem Philharmonikerball und dem Opernball.

Im Vergleich zu Techniker-Cercle oder Concordia-Ball, auf dem seit 1863 die Journalistinnen und Journalisten tanzen, ist der Opernball ein Jüngling. Er wurde 1877 als „Hofopern-Soiree" gegründet, mit der strikten Auflage durch Kaiser Franz Joseph, dass das Tanzen dabei zu unterlassen sei. Er hatte seine Hofoper da gerade erst erbauen lassen und befürchtete tumultartige Zustände in seinem Neubau, wie es sie zuvor bei einem Ball in der Pariser Oper gegeben hatte. Der Kaiser hatte jedoch die Tanzfreude der Wienerinnen und Wiener unterschätzt. Denn das Orchester für diese erste Soiree war die Kapelle von Johann Strauß Sohn. Als der eine neue, für diesen Anlass geschriebene Polka dirigierte, begann das Publikum einfach auf eigene Faust die Stühle wegzuräumen und zu tanzen.

Der vom Kaiser befürchtete Tumult fand also statt, die von ihm befürchteten Verwüstungen jedoch nicht. Und so war die Hofopern-Soiree ab dem nächsten Jahr auch offiziell ein Tanzball für die oberste Gesellschaftsschicht. Die Erlöse gingen damals schon häufig an wohltätige Zwecke. Das tun sie bis heute, und sie sind erheblich. Denn der offizielle österreichische Staatsball Opernball ist nach wie vor ein High-Society-Event. Jene 5000 Gäste, die Jahr für Jahr vor rund 1,5 Millionen Fernsehzusehern feiern, lassen sich diesen Spaß ganz schön viel kosten.

Die aktuelle Preisliste zeigt, wie viel: Wer sich eine der Ranglogen buchen will, der wird besser einer der „Donatoren" der Oper. Das sind Menschen, die zumindest 30.000 Euro im Jahr für den „Freundeskreis der Wiener Staatsoper" spenden. Tun sie das, erhalten sie ein Vorkaufsrecht auf eine der Logen. Dies zu nutzen empfiehlt sich sehr, denn sie sind auf Jahre hinaus ausgebucht. Bucht der Donator dann seine Loge, muss er dafür noch einmal 24.500 Euro hinlegen. Da sind aber die Eintrittskarten noch nicht inkludiert, die machen bei einer vollen Loge – acht Sitzplätze, maximal vier Stehplätze – noch einmal 4620 Euro aus. Das ergibt in Summe also 29.120 Euro, noch ohne Getränke und Essen. Um das Geld für diesen Spaß für eine Nacht bekäme man auch einen nigelnagelneuen VW Golf – oder beinahe drei neue Pkw des Modells Dacia Sandero. Wer sich eine Opernball-Loge leistet, befindet sich aber wahrscheinlich ohnehin nicht in der Zielgruppe für Dacias.

Es gibt aber auch ausreichend Möglichkeiten, günstiger auf einen Ball zu gehen. Vor allem in Wien, der Ball-Hauptstadt der Welt, mit mehr als 450 Bällen jedes Jahr. Als Ball zählt dabei nicht das Faschingsgschnas im *Café Rosi* – es muss eine Veranstaltung mit zumindest 200 Gästen sein, um als Ball zu gelten. Die Stadt Wien hat Zahlen dazu erhoben: Mehr als eine halbe Million Ballgäste zählt man jährlich, die Umsätze liegen bei 175 Millionen Euro. Pro Besucher werden also rund 350 Euro umgesetzt. Das ist nicht Opernball-Niveau, zeigt aber, dass den Ballfreunden ihr Vergnügen nicht nur lieb, sondern auch durchaus teuer ist.

Im Himmel wird's eng

Gefeiert wird nicht nur im Ballsaal, gefeiert wird auch in der Kirche, und zwar noch viel häufiger: 43 Feier- und Gedenktage zählt das Kirchenjahr, vom Barbaratag bis zum Christkönigfest. Zusätzlich wird jeden einzelnen Tag eines Heiligen – oder mehrerer – gedacht. Feiern wir Namenstag, begehen wir ihn am dazu passenden Tag, benannt nach dem jeweiligen Tagesheiligen. Nun war die Zahl der dafür verwendbaren Tage im Jahr aber rasch aufgebraucht. Schon im 4. Jahrhundert nach Christi Geburt überstieg die Zahl der von der Kirche geehrten Heiligen und Märtyrer die Zahl der 365 dafür verfügbaren Tage. Man führte daher einen Festtag „aller Heiligen" ein. In den orthodoxen Kirchen war das der erste Sonntag nach Pfingsten, die katholischen Kirche legte sich damals auf den 1. November fest, und der blieb es bis heute.

Aber wie viele sind denn nun „alle Heiligen"? Dazu gibt es immer wieder Zählungen und Aufzeichnungen, schließlich muss man ja wissen, wessen man gedenkt. In der katholischen Kirche heißt diese Liste *Martyrologium Romanum*, zuletzt ist sie im Jahr 2004 aktualisiert worden. Darin befanden sich zu diesem Zeitpunkt 6650 Heilige und 7400 Märtyrer. Heiliggesprochen werden von der katholischen Kirche Menschen, die für ihr heiligmäßiges Leben und ihre besondere Hingabe an Gott ausgezeichnet werden. Dazu braucht es ein besonders tugendhaftes Leben – und Wunder. Für eine ordentliche Heiligsprechung braucht es mindestens zwei Wunder, nur im Ausnahmefall kann der Papst diese Vorgabe umgehen. Märtyrer dagegen sind Menschen, die für ihren Glauben gestorben sind, da ist die Definition also klarer.

Heilige und Selige sind übrigens de facto dasselbe, nur dass Heilige weltweit verehrt werden, Selige nur in der jeweiligen Heimat-Diözese. Für gewöhnlich erfolgt auch zunächst eine Seligsprechung und erst danach eine Heiligsprechung. Für beides gelten aber dieselben Kriterien, samt erfolgter und beglaubigter Wunder. Sonst gibt es kirchenrechtlich keinen Unterschied. Heilige wie Selige werden als „in der göttlichen Herrlichkeit aufgenommen" betrachtet, beide haben sozusagen eine kirchliche Garantie aufs Himmelreich. Und gedacht wird zu Allerheiligen beider Kategorien.

Allerdings steigt die Zahl der Heiligen und Seligen kontinuierlich an: Papst Johannes Paul II. hat in seinem Pontifikat zwischen 1978 und 2005 insgesamt 1338 Personen seliggesprochen und 482 heilig. Seither kommen jedes Jahr noch einmal bis zu 20 neue Heilige dazu. Papst Franziskus hat im Jahr 2013 bei seiner ersten Heiligsprechung sogar 800 neue Heilige, oder genauer gesagt Märtyrer, auf einen Schlag in die Listen aufgenommen. Es handelte sich dabei um die Opfer eines osmanischen Überfalls auf die süditalienische Stadt Otranto im Jahr 1480. Am 14. August jenes Jahres wurden dort alle männlichen Bewohner enthauptet, die über 15 Jahre alt waren – mehr als 800 Menschen. Sie hatten sich geweigert, zum Islam überzutreten. Sie starben also für ihren Glauben.

Insgesamt sind es mittlerweile rund 15.000 Heilige, Selige und Märtyrer, derer zu Allerheiligen gedacht wird. Zu Allerseelen geht es um die armen Seelen, die sich nach der Kirchenlehre im Fegefeuer befinden. Es handelt sich dabei also um den ganzen Rest der verstorbenen Menschheit, denen die „Aufnahme in die göttliche Herrlichkeit", wie es so schön heißt, noch nicht kirchlich garantiert wurde. Der Tag hat mittlerweile seine gesellschaftliche Bedeutung ein wenig verloren, im Gegensatz zu Allerheiligen ist es auch kein arbeitsfreier gesetzlicher Feiertag mehr, nur die Schulkinder haben noch frei.

Ein weiteres Fest rund um Allerheiligen ist dafür bei uns zuletzt immer präsenter geworden: Jener Abend, an dem die Kinder mit dem Ruf „Süßes oder Saures!" um die Häuser ziehen. In England und Irland wurde Allerheiligen früher als *All Hallow* bezeichnet, das war der mittelenglische Ausdruck für die Heiligen, bevor mit den Normannen das französische *saints* Einzug in die englische Sprache hielt. Der Vorabend dieses Festes war daher der *All Hallow's Evening*, später verschliffen als *Halloween* ausgesprochen.

Dieser 31. Oktober war zugleich das Ende des alten keltischen Jahres, da zogen die Totengeister durch die Nacht, bevor dann am nächsten Tag alle christlichen Heiligen kamen. Später wurde daraus in der amerikanischen Tradition ein etwas gruseliges Verkleidungsfest, Halloween eben. Die Heiligen ließ man außen vor, denn die gab es zwar im katholischen Irland, aber nicht im weitgehend protestantischen Amerika. Der Protestantismus kennt nämlich keine Heiligen, da braucht der Gläubige keine Mittelsmänner und Fürsprecher, um mit Gott zu reden, wie im Katholizismus, dort geht es direkt. Martin Luther ging es in dieser Frage noch einigermaßen tolerant an, die Schweizer Reformatoren Johannes Calvin und Ulrich Zwingli waren viel radikaler: Für sie war Heiligenverehrung schlicht Teufelswerk.

Dennoch ist der 31. Oktober auch in der evangelischen Kirche ein wichtiger Feiertag. Es geht für sie dabei nicht um Halloween oder alle Heiligen. Er wird als Reformationstag begangen, weil an diesem Vorabend zu Allerheiligen Martin Luther im Jahr 1517 seine berühmten 95 Thesen an der Tür der Schlosskirche zu Wittenberg angeschlagen hat. Das war der Beginn der Reformation.

Woher kam Maria vor ihrer Himmelfahrt?

Nicht alle christlichen Feiertage sind so einfach erklärbar wie die Gedenktage einzelner Heiliger oder Allerheiligen. Vor allem die Marienfeiertage geben einige Rätsel auf. Die katholische Kirche zählt allein 20 Marienfeste im Kirchenjahr, wenn man Maria Lichtmess und Maria Verkündigung dazuzählt. Die gehören allerdings theologisch zu den sogenannten Herrenfesten, also zu den Feiertagen im Gedenken an Jesus Christus.

Maria Lichtmess am 2. Februar gilt der erstmaligen Präsentation des neugeborenen Jesus im Tempel, der Begriff Lichtmess kommt daher, weil die Tage nun wieder genug Tageslicht boten, um die Arbeit ohne Kerzen zu verrichten. Maria Verkündigung am 25. März soll daran erinnern, dass der Erzengel Gabriel der Maria, obwohl immer noch Jungfrau, einen Sohn ankündigte. Diese beiden Marienfeiertage sind mittlerweile ebenso weitgehend in Vergessenheit geraten wie Mariä Heimsuchung oder Mariä Namen. Gehalten haben sich jene, die gesetzliche Feiertage geworden sind, wie Maria Himmelfahrt.

Die fällt auf den 15. August, also günstig in der heutigen Hauptferienzeit. Liturgisch wird Maria Himmelfahrt als jener Tag begangen, an dem die Mutter von Jesus Christus laut Glaubenslehre gestorben und auch gleich als heilig in den Himmel aufgefahren ist. Das ging offenbar deutlich schneller als bei ihrem Sohn, der ja 40 Tage darauf warten musste, nämlich von Ostern bis Christi Himmelfahrt. In der orthodoxen Kirche heißt der Marienfeiertag allerdings *Dormitio* – übersetzt heißt das „Entschlafung" –

und steht für den Todestag Marias. Diesen hat man in der Ostkirche schon im 3. Jahrhundert nach Christus begangen. Die Westkirche, also die römisch-katholische, fügte dann 100 Jahre später die sofortige Himmelfahrt dazu.

Wann Maria wirklich gestorben ist, weiß man nicht – im Gegensatz zu ihrem Sohn, bei dem ja das Pessachfest eine genaue Datierung erlaubt. Man weiß aber: Maria ist zweifellos eine historische Person. Als Mutter von Jesus kommt sie sowohl in den Evangelien als auch in der Apostelgeschichte vor, aber auch in den sogenannten apokryphen Texten. Das sind sehr frühe Dokumente, die es zwar nicht in die Bibel geschafft haben, die aber trotzdem wertvolle Quellen aus der Zeit unmittelbar nach der Gründung des Christentums sind. Aus all dem ergibt sich folgendes Bild über die historische Maria: Sie dürfte in Jerusalem geboren worden sein, ihre Eltern hießen Joachim und Anna und waren wohlhabend. Ihr eigentlicher Name war Miriam, Maria ist die griechische Variante davon. Sie selbst hat einen Mann aus Nazareth geheiratet, Josef, der offenbar bereits Witwer war.

Dieser Josef war Zimmermann, wie wir aus den Evangelien wissen. Oder genauer gesagt Baumeister – der griechische Begriff *Tekton*, wie er als Josefs Berufsbezeichnung in der Bibel steht, findet sich im Wort Architekt wieder. Wir können uns Marias Familie, und damit auch die von Jesus, also als durchaus sozial bessergestellt vorstellen. Die vom Weihnachtsevangelium genährte Vorstellung von armen Leuten, die ihr Kind in einem Stall zur Welt bringen mussten, dürfte also ziemlich sicher nicht stimmen. Darauf deutet auch hin, dass Maria offenbar recht alt geworden ist, das wurden sehr arme Leute damals nur selten. Maria kommt sowohl in der Erzählung der Kreuzigung von Jesus als auch in der Geschichte seiner Auferstehung als Anwesende vor. Außerdem wird in den zeitgenössischen Texten berichtet, dass sie danach mit Johannes, dem Lieblingsjünger von Jesus, im selben Haus gewohnt habe. Da muss sie dann schon deutlich über 60 Jahre alt gewesen sein. Über ihren Tod aber wissen wir nichts. Dass es ein 15. August war, diese Wahrscheinlichkeit liegt bei 1 zu 365. Diese Daten wurden Jahrhunderte später nach dem Prinzip vergeben, welcher Feiertag gerade zur Hand und passend war.

Doch nicht nur Lebensdaten, auch Lebensgeschichten wurden im Nachhinein der kirchlichen Opportunität angepasst, auch die von Maria. Mit ihr beschäftigte sich das Konzil von Ephesos im Jahr 431. Bei diesem wurde Marias sofortige Himmelfahrt verkündet. Es wurde dort aber auch ihre ewigwährende Jungfräulichkeit postuliert. Diese galt für die damals tagenden Kirchenväter für ihr gesamtes Leben und nicht nur für die Zeit bis zur Geburt von Jesus. Also etwa beim Besuch des Erzengels Gabriel zu Maria Verkündigung. Diese Jungfräulichkeit wurde ihr in Ephesos für ihr ganzes Leben zugeschrieben, Jungfrau bis zur Himmelfahrt also. Das hätte 400 Jahre zuvor Marias Mann Josef wohl sehr erstaunt – vor allem aber auch die vier Brüder und mehreren Schwestern von Jesus, die in der Bibel erwähnt werden. Sie finden sich im Markusevangelium. Dort werden die Brüder sogar mit Namen angeführt, die Schwestern nicht.

Für die, die selbst nachlesen wollen: Der Vers findet sich im Markusevangelium unter Mk 6,3: Jesus befindet sich in der Synagoge seiner Heimatstadt, und die versammelten Nazarener wundern sich. Der Satz, mit dem sie zitiert werden, lautet: „Ist dieser nicht der Zimmermann, der Sohn der Maria und ein Bruder des Jakobus und Joses und Judas und Simon? Und sind nicht seine Schwestern hier bei uns?“

Für sehr fromme Menschen gilt in diesem Fall ausnahmsweise der Satz: Die Bibel hat doch nicht recht. Die katholische Kirche hat sich dazu entschlossen, die Brüder als „Vettern“ zu interpretieren.

Auf den 15. August als Todestag Mariens ist man auf demselben Konzil übrigens gekommen, indem man einen bereits gut eingeführten römischen Feiertag übernommen und umgedeutet hat. So wie man es bei Weihnachten und den römischen Feiern der Saturnalien gehandhabt hat. Im Fall von Maria Himmelfahrt war es jener Feiertag, mit dem Kaiser Augustus die Römer seines Sieges über Mark Anton und Kleopatra gedenken ließ. Der war nämlich an einem 15. August. Darum sagt man heute in Italien immer noch *Ferragosto* zu diesem Tag im Hochsommer: der Augustus-Feiertag.

Die Geschichte der Ferien

Dass der italienische *Ferragosto* mitten in unseren Schulferien liegt, ist kein Zufall. Die Etymologie, die Lehre von der Herkunft der Worte, zeigt die Verbindung: Denn die *feriae*, die römischen Feiertage und Feiern, stecken auch im Wortursprung unserer Ferien. Der Begriff kommt in der Tat aus dem alten Rom: *Feriae scholarum* hießen die schulfreien Zeiten damals, übersetzt die „schulischen Feiertage". Diese freien Tage fielen einerseits auf die wichtigen Festtage, etwa die Saturnalien zu Jahresende. Vor allem aber fanden sie in der Sommerzeit statt – und zwar für unsere Verhältnisse extrem lange: Die römischen Schulferien begannen Mitte Juni und endeten erste Mitte Oktober. Es gab also vier schulfreie Monate, vor allem, weil man die Kinder zum Arbeiten benötigte. Rund 90 Prozent der antiken Bevölkerung waren in der Landwirtschaft tätig. In den Erntemonaten von Juni bis Oktober wurde jede Hand am Hof gebraucht. Die Schulferien wurden damals also vermutlich von vielen Schülern nicht so sehr herbeigesehnt wie heute.

In Österreich wurde die allgemeine Schulpflicht unter Maria Theresia eingeführt. Auch da wurden von Beginn an Sommerferien vorgesehen, keine vier Monate zwar, aber doch einige Wochen. Und auch diese Ferien wurden ganz den Ansprüchen der Landwirtschaft angepasst: Es gab Heuferien, Getreideferien, später dann Kartoffelferien im Herbst, aus denen unsere heutigen Herbstferien wurden. Daneben gab es natürlich auch freie Tage zu den großen kirchlichen Festen: Pfingsten, Weihnachten, Ostern. Insgesamt waren es meist aber nur sechs oder sieben Wochen im Jahr, in denen kein Schulunterricht stattfand. Das ist also deutlich weniger als heute.

Mit aktuell neun Wochen Sommerferien und all den anderen freien Tagen sind die schulfreien Zeiten in Österreich gut doppelt so lange wie vor 250 Jahren, zur Zeit der Einführung des allgemeinen Schulunterrichts. Österreich befindet sich damit aber dennoch gerade einmal im internationalen Durchschnitt. Denn es gibt viele Länder mit deutlich längeren Ferien. In den USA beginnen die Schulferien schon Ende Mai und dauern bis Anfang September. In Russland ist es ganz ähnlich: Vom 25. Mai bis zum 1. September ist dort schulfrei. Auch in Italien, Griechenland und Kroatien dauert die Pause des Unterrichts ganze drei Monate von Anfang oder Mitte Juni bis Anfang, Mitte September. Diese Länder liegen im Süden Europas, es sind Regionen des Sommertourismus. Die Annahme, dass der antike Einsatz zusätzlicher Kräfte in der Landwirtschaft durch einen ebensolchen in der modernen Hotellerie und Gastronomie abgelöst wurde, liegt nahe.

Weniger lange als bei uns sind die Sommerferien in weiter nördlich gelegenen Ländern wie Deutschland, Holland oder England mit sechs bis sieben Wochen. Den größten Unterschied bei den Ferienlängen gibt es übrigens in der Schweiz: In den deutschsprachigen Kantonen dauern die Sommerferien nur fünf oder sechs Wochen. Im italienischsprachigen Tessin sind dagegen elf Wochen schulfrei. Dass die Tessiner ihre Kinder in dieser Zeit zur Feldarbeit mitnehmen, ist eher unwahrscheinlich. Die Betreuung der Kinder während der großen Ferien ist jedoch für viele Eltern ein Problem geworden. Was bei den meisten hilft, sind Sommerkurse, Pfadfinderlager, Lerncamps – und die Großeltern.

Wer diesem Betreuungsproblem entgehen will, muss nach Ost-Timor auswandern. Es ist das einzige Land der Welt, wo es außer einigen wenigen gesetzlichen Feiertagen de facto durchgehenden Schulunterricht gibt. Überall sonst müssen Eltern zwischen Fremdbetreuung und dem eigenen Urlaub hin und her jonglieren.

Ein Urlaub, der nie so lange währt wie die Schulferien und den es auch noch nicht so lange gibt. Die ersten Urlaubsregelungen sind in Österreich um das Jahr 1900 aufgekommen. Bis in die 50er-Jahre hinein gab es für die meisten Berufsgruppen bloß einen Anspruch auf ein paar freie Tage im Jahr. Die Möglichkeit, Urlaub zu machen, ist also ziemlich neu, der Begriff selbst ist dagegen ziemlich alt. So wie die Schulferien begrifflich aus der Römerzeit kommen, kommt der Urlaub aus dem Mittelalter: Der *Urloub* war die Freigabe des Adeligen gegenüber dem Leibeigenen, den Hof verlassen zu dürfen. Er hat diese Abwesenheit vom Arbeitsplatz also ausnahmsweise *erlaubt* – von diesem Gewähren eines Privilegs kommt der heutige Begriff *Urlaub*.

KAPITEL 5:

VOM ZUSAMMENLEBEN – GESCHICHTEN VON GESELLSCHAFT UND STAAT

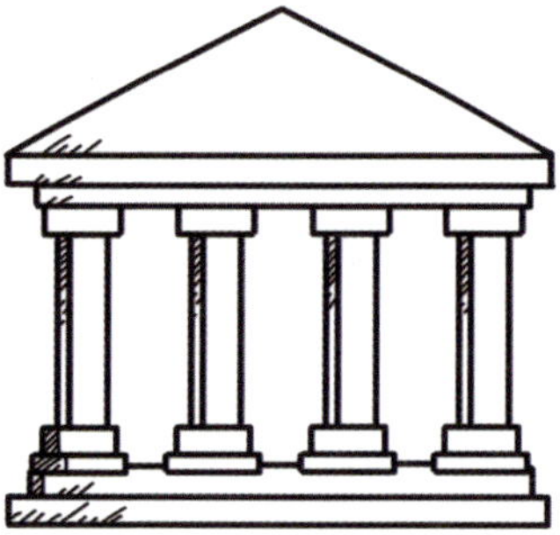

Der Mensch ist ein soziales Wesen. Auch wenn der berühmte französische Autor und Philosoph Jean-Paul Sartre geschrieben hat: „Die Hölle, das sind die anderen", viel mehr gilt doch: Die Hölle, das ist ein Leben ohne die anderen. Nicht umsonst straft der Staat durch Freiheitsentzug, durch Einsperren und Absperren von der Gesellschaft. Und die schlimmste Strafe, die zivilisierte Gesellschaften verhängen, ist die Einzelhaft.

Doch man muss nicht im Gefängnis sitzen, um die Gesellschaft anderer zu entbehren. Aktuelle Studien weisen nach, dass in den USA rund 60 Prozent der Erwachsenen dauerhaft einsam sind. Die Studie wurde 2023 von der obersten US-Gesundheitsbehörde unter der Leitung von Dr. Vivek Murthy durchgeführt, und sie benennt sogar die gesundheitlichen Folgen des Alleinseins: Wer einsam ist, hat ein 30 Prozent höheres Risiko für Schlaganfälle oder Herzinfarkte und ein um 50 Prozent erhöhtes Risiko, an Demenz zu erkranken. In Bezug auf das Gesundheitsrisiko ist Einsamkeit ähnlich zu bewerten wie der tägliche Konsum von 15 Zigaretten.

Die Gründe für diese Einsamkeit liegen heute auf der Hand: Die Gesellschaft verliert in vielen Bereichen ihren Zusammenhalt. Die Scheinwelt sozialer Medien kann den persönlichen Kontakt nicht ersetzen. Einige weitere Daten aus den USA verdeutlichen das: Nur 16 Prozent der Menschen geben an, sich mit ihrer lokalen Gemeinschaft verbunden zu fühlen. Stellten früher noch Kirchengemeinden so etwas wie einen sozialen Anker im sonst vom Individualismus geprägten Amerika dar, ist deren Bedeutung in den letzten Jahren und Jahrzehnten stark geschwunden. Denn auch in weiten Bereichen des früher christlich-evangelikal geprägten Landes schreitet die Säkularisierung voran. Der *Bible Belt*, der Gürtel oft fundamentalistisch-christlicher Bundesstaaten in der Mitte des Kontinents, wird lockerer. Das erhöht zwar die Freiheit der Einzelnen, aber auch ihre Vereinzelung.

Die Einsamkeitsforschung ist nicht auf Nordamerika beschränkt, es liegen auch aktuelle Zahlen für Europa vor. Vergleichbar hohe

Werte wie in den USA gibt es etwa in Großbritannien. Auch dort leiden viele Menschen unter mangelndem sozialen Kontakt. Es herrscht dort seit den Thatcher-Jahren auch ein ähnliches gesellschaftliches Mindset: Ein im Vergleich zu Kontinentaleuropa starker Individualismus, jeder ist für sich selbst verantwortlich, Hilfe für Bedürftige erfolgt über milde Gaben, nicht über Rechtsanspruch. Armut ist demnach eigenes Verschulden, Einsamkeit auch: Fast zehn Millionen Briten geben an, mangelnder Kontakt zu anderen Menschen sei ihr größtes Problem. 2018 wurde sogar ein „Ministerium gegen Einsamkeit" angekündigt – auch wenn es dann tatsächlich ein Unter-Staatssekretariat wurde, zeigt es doch die öffentliche Anerkennung eines traurigen Zustands.

Deutlich geringer sind die Zahlen in Kontinentaleuropa. Sie schwanken von Land zu Land und von Jahr zu Jahr, im Zuge der Coronapandemie klagten etwa 42 Prozent der Deutschen über Vereinsamung während der Lockdowns. Ein Ausreißer nach oben, in Österreich geben derzeit rund zehn Prozent der Bevölkerung an, das Gefühl sozialer Isolation zu haben. Immer noch eine viel zu hohe Zahl, aber deutlich geringer als die Einsamkeitslawine im angelsächsischen Raum.

Der Grund ist eine immer noch funktionierende Zivilgesellschaft. Feuerwehr, Gesangsverein, Fußballklub – Österreich ist ein Land der Vereinsmitglieder. Rund 125.000 Vereine gibt es hierzulande. Sie haben zusammengezählt mehr Mitglieder, als Österreich Einwohner hat. Übrigens hat rund ein Viertel dieser Vereine ihren Sitz in Wien, die Anonymität der Großstadt erhält hier ein gewaltiges Gegengewicht. Vielen Menschen geht es dabei auch ums Helfen. Rund eine Million Österreicher sind Mitglieder beim Roten Kreuz, 350.000 sind bei der Freiwilligen Feuerwehr. Mehr als eine halbe Million Alpenvereinsmitglieder kümmern sich um Wege und Hütten im alpinen Bereich, und viele sind eben nicht nur in einem, sondern gleich in mehreren Vereinen.

Die anderen müssen also nicht die Hölle sein, wie Sartre schrieb, sie können auch ein – kleines – Glück sein. Gleichgesinnte mit einem gemeinsamen Ziel, und wenn es nur der Klassenerhalt in der ersten Klasse Mitte-West ist und der ATSV Zipf und die Union Meggenhofen momentan schwer zu kämpfen haben …

Gesellschaften beruhen auf meist ungeschriebenen Gesellschaftsverträgen. Regeln dafür, wie Menschen zusammenleben, ohne einander wehzutun. Manchmal werden sie auch aufgezeichnet, vom Codex des Hammurabi bis zu den Zehn Geboten Moses: Du sollst Vater und Mutter ehren, auf dass es dir wohlergehe auf Erden – der erste Gesellschaftsvertrag zwischen Jung und Alt und unerlässlich in all jenen Kulturen, in denen sonst mangelnde Arbeitsfähigkeit im fortgeschrittenen Alter mit Verarmung und Hunger einhergehen würde.

Höher entwickelte Gesellschaften erforderten komplexere Regelungen als den Dekalog des Alten Testaments. Die jeweiligen Gebote passten dann nicht mehr auf Ton- oder Steintafeln an Tempelwänden. Vor allem die Auslegung dieser Grundsätze erforderte bald eigene Berufe, eigene Rechtssysteme. Das römische Recht steht heute noch am Beginn eines jeden Jus-Studiums. Der Rechtsstaat, der das Recht einer jeden Einzelnen, eines jeden Einzelnen garantiert, gleich und transparent, steht am Ende dieser Entwicklung. Er benötigt dazu auch die Bereitschaft seiner Bürger, sich seinen Regeln zu unterwerfen. Das Recht entsteht im Zusammenwirken und Zusammenleben der Menschen. Es ist eine gemeinsame Verpflichtung, keine einsame Entscheidung. Sogar Gerechtigkeit kann nur einem anderen, einem Gegenüber entgegengebracht werden. Einer für sich allein kann es nicht sein.

Dieses Kapitel widmet sich deshalb diesem Miteinander. Wie sind diese Regeln entstanden, welche sind die entscheidenden? Wie verhandelt die Gesellschaft die Rechte und Pflichten? Wie haben sich Parteien organisiert – und wie Proteste? Und wenn am Ende dieser Entwicklungen Gesellschaften zu Staaten werden: Wie definieren sie sich und wie repräsentieren sie sich?

Warum die Menschen noch nicht lange gleich sind

Am 10. Dezember 1948 ist in Paris Geschichte geschrieben worden. Im Palais de Chaillot, an der Seine genau gegenüber vom Eiffelturm gelegen, haben 48 Mitgliedsstaaten der damals neu geschaffenen UNO die „Allgemeine Erklärung der Menschenrechte" angenommen. Acht haben sich enthalten, mehr Mitgliedsstaaten hatten die Vereinten Nationen damals noch nicht.

Was in diesem Pariser Prunkbau, immer noch umgeben von den Zerstörungen des Zweiten Weltkriegs, vor mehr als 75 Jahren beschlossen wurde, war etwas Unerhörtes: „Alle Menschen sind frei und gleich an Würde und Rechten geboren", heißt es gleich im ersten Satz dieser Erklärung. Alle Menschen sind gleich? Es brauchte wohl die Erschütterung über einen gerade zu Ende gegangenen Krieg, um sich zu dieser Gleichheit und Freiheit zu bekennen. Es musste wohl das Jahr 1948 sein, und die Erinnerung an KZs, an Rassismus und Holocaust mussten noch lebendig sein, an 75 Millionen Kriegstote. Erst diese Erfahrung ließ eine Besinnung auf die Gleichwertigkeit aller Menschen zu. Davor war die Ungleichheit selbstverständlich gewesen. Weniger wert waren die Anderen, die Andersgläubigen, die Fremden. Weniger wert waren die aus einer niedrigeren Klasse, Kaste oder Rasse und natürlich die von niedriger Geburt.

Der erste Anlass, so etwas wie allgemeine Menschenrechte zu formulieren, waren die Bauernkriege vor 500 Jahren. Im März 1525 trafen sich aufständische Bauern des Schwabenlandes, um ihre Forderungen zu formulieren. Es ging um religiöse Freiheit, es war schließlich die Gründungsphase der Reformation, und es ging um konkrete Forderungen, Abgaben und Frondienste betreffend. Im dritten der zwölf Artikel wurde es aber ganz grundsätzlich: Denn klar sei, „dass uns alle Christus mit seinem Blut erlöst und erkauft hat, den Hirten gleich wie den Höchsten, keinen ausgenommen. Darum erfindet sich mit der Schrift, dass wir frei sind und sein wollen."

Diese altertümlich klingende Formulierung stellt klar, dass Gleichheit und Freiheit gottgewollt sind. So stand plötzlich die alte Ordnung Kopf, erstmals wurden auch Adelige zur Rechenschaft gezogen, angegriffen, manche auch getötet – bis dahin ein unerhörtes Sakrileg. Demjenigen, der diese (heilige) Schrift übersetzt hatte, auf die sich die Bauern beriefen, wurde bald angst und bange: Martin Luther verfasste seinen Aufruf „wider die mörderischen und räuberischen Rotten der Bauern" keine zwei Monate nach den „Zwölf Artikeln der Bauernschaft". Mit den revolutionären Ideen war es bald vorbei: Die Aufstände des großen deutschen Bauernkriegs endeten mit rund 70.000 Toten.

Bis zu den nächsten, erfolgreicheren Anläufen zu Gleichheit, Freiheit und Brüderlichkeit sollte es 250 Jahre dauern. Nach der geglückten amerikanischen Revolution von 1776 findet sich in der Unabhängigkeitserklärung das Bekenntnis, „dass alle Menschen gleich erschaffen wurden, dass sie von ihrem Schöpfer mit gewissen unveräußerlichen Rechten begabt wurden, worunter Leben, Freiheit und das Streben nach Glückseligkeit sind".

Davon inspiriert war auch die Französische Revolution. Nach dem Sturm auf die Bastille am 14. Juli 1789 wurde die Erklärung der Menschen- und Bürgerrechte beschlossen. Auch dort hieß es im ersten Satz: „Die Menschen sind von Geburt an frei und gleich an Rechten." Allerdings galten diese Rechte nur für männliche Staatsbürger, und sowohl Frankreich als auch die USA waren Staaten, in denen die Sklavenhaltung noch lange rechtens war.

Gleiche Rechte, aber nur für die, die auch eine gleiche Herkunft haben und gleich ausschauen, das blieb noch viele Jahrzehnte das Prinzip. In der Revolution von 1848, die weite Teile Mitteleuropas erfasste, wurden die „Grundrechte des deutschen Volkes" beschlossen, Österreich war mitgemeint. Kurze Zeit später waren sie wieder außer Kraft gesetzt. Und dass es Grundrechte geben könnte, die über das eigene Volk, den eigenen Staat hinaus wirksam sein sollten, war vollkommen undenkbar. Denn auch übernationale Organisationen, die ein solches Recht durchsetzbar machen hätten sollen, waren außerhalb jeder Vorstellungskraft.

Erst die Katastrophe der Weltkriege und eine durch immer neue Technologien zusammenwachsende Welt brachten dies in den Bereich des Möglichen. Der Völkerbund nach dem Ersten Weltkrieg war noch gescheitert, die Vereinten Nationen nach 1945 waren erfolgreicher. Mit Kompromissen: So war schon bei der Formulierung der „Allgemeinen Erklärung" eine Kluft zwischen den Staaten des Westens und des Ostens da. Während die einen ausschließlich politische und bürgerliche Freiheitsrechte in die Erklärung aufnehmen wollten, forderten die Sowjetunion und ihre Verbündeten auch wirtschaftliche und soziale Rechte ein. Vom damaligen Ostblock sowie aus Südafrika und Saudi-Arabien kamen in der Folge auch die acht Enthaltungen bei der Abstimmung. Die Erklärung war außerdem die Formulierung eines Ideals und kein rechtlich bindender Akt. Ihre Prinzipien finden sich heute allerdings in den Verfassungen der meisten Staaten. Sie wurden in internationalen Abkommen aufgenommen, die ebenfalls verpflichtenden Charakter haben. In Europa ist das die Europäische Menschenrechtskonvention, ein Vertrag, der alle Staaten, die sie unterzeichnet haben, bindet. Aber man kann aus dieser Konvention wieder ausscheiden, so wie Russland nach dem Überfall auf die Ukraine.

Wie man internationale Regeln dauerhaft durchsetzbar macht, ist bis heute eine ungelöste Frage. So wurden im Iran nach den jüngsten Protesten der Frauen bereits mehr als 700 Menschen exekutiert. In der Menschenrechtserklärung wäre das ein Verstoß gegen Artikel 3 – Recht auf Leben. Jeder Staat, der die Todesstrafe beibehält, verstößt also gegen die Menschenrechte, und er tut es sanktionsfrei. Und auch sonst ist das Bekenntnis dazu nicht überall gleich, etwa in Staaten, in denen die Religion eine Führungsrolle beansprucht: Die Kairoer Erklärung der Menschenrechte aus dem Jahr 1990 gilt für die islamischen Staaten der Erde. Sie sieht keine Gleichberechtigung zwischen Mann und Frau vor, sie erlaubt keine freie Wahl der Religion. Und sie stellt alles unter den Vorbehalt der Scharia, des islamischen religiösen Gesetzes.

Im Übrigen sind Menschenrechte immer nur so viel wert, wie ihnen die jeweilige Gesellschaft zugesteht. Und da muss man feststellen: Die aktuellen Krisen haben auch die globale Solidarität erschüttert. Im Osten Deutschlands gab es im Sommer 2023 eine Umfrage, in der die Aussage „Es gibt wertvolles und unwertes Leben" abgefragt wurde: 60 Prozent der Befragten haben diese im Kern menschenverachtende Aussage abgelehnt. 40 Prozent befanden dagegen, darüber könne man schon reden …

Kein Job, kein Konto – das Leben unserer Urgroßmütter

Wer sich heute die Lage der Frauen etwa im Iran oder in Afghanistan ansieht, den oder die überkommt oft der gerechte Zorn: Bildungsverbot, Verschleierung, das Verdrängen aus Öffentlichkeit und Beruf – es ist zum Wütendwerden, es ist zum Weinen, es ist zum Schämen.

Doch für den selbstgerechten Blick von oben herab auf andere Kulturen ist auch in Österreich nicht viel Anlass. Auch bei uns ist der Weg zur Gleichberechtigung und Gleichbehandlung von Mann und Frau noch nicht sehr lange beschritten und noch lange nicht am Ziel angelangt.

Wie im Kapitel über die Menschenrechte (siehe S. 108, *Warum die Menschen noch nicht lange gleich sind*) beschrieben: Sogar die fortschrittlichsten Revolutionäre der Vergangenheit dachten bei den Begriffen Gleichheit und Freiheit nur an die Männer. Um deren Rechte wurde gestritten, und zwar auch in jenen Kreisen, die sich selbst als progressiv sahen. August Bebel, einer der Gründer der deutschen Sozialdemokratie, schrieb in seinem Buch *Die Frau und der Sozialismus* im Jahr 1879 nieder, was damals all seine Genossen dachten: Die Frauenfrage könne erst nach der Klassenfrage gelöst werden. Die Rechte der Frauen müssten also bis zur Etablierung der klassenlosen Gesellschaft warten. Eine Vertagung ins Unendliche.

Österreich war in den späten 1860er-Jahren, nach missglückten Revolutionen und dem Scheitern des Neo-Absolutismus, schließlich doch noch am Weg zum Rechtsstaat angelangt. Die Dezember-Verfassung von 1867 brachte den österreichischen Bürgern jene Grundrechte, die in ihrem Kern bis heute gelten. Aber nicht den Bürgerinnen. Als etwa mit dem Vereinsgesetz von 1869 erstmals auch die Gründung von politischen Vereinen erlaubt war, wurden drei Personengruppen explizit davon ausgeschlossen: „Ausländer, Minderjährige und Frauenspersonen".

Frauen waren aus dem politischen Leben ausgesperrt und blieben es noch lange. Beim Hainfelder Parteitag 1888, dem Gründungstreffen der österreichischen Sozialdemokratie, gab es unter 110 Delegierten eine einzige Frau: Anna Altmann, eine Fabriksarbeiterin aus Polzental in Böhmen. Sie durfte allerdings nicht an der Versammlung teilnehmen. Einerseits fürchtete man eine dadurch verursachte Auflösung des Parteitages durch die Polizeibehörden, denn immer noch galt ja das Verbot der Mitgliedschaft in politischen Vereinen für Frauen. Andererseits fand die Parteitagsleitung aber auch, die Frauen seien „noch nicht so weit", wie Anna Altmann später in ihren Erinnerungen berichtete.

Bis zum aktiven und passiven Wahlrecht mussten Österreichs Frauen tatsächlich bis zum Ende der Monarchie warten. Erst 1919 durften sie wählen und selbst gewählt werden, in der konstituierenden Nationalversammlung erhielten sie acht von 159 Mandaten, sieben davon gingen an Sozialdemokratinnen, eine an eine Christlich-Soziale. In Frankreich waren Frauen erstmals 1945 wahlberechtigt, in Italien 1946 und in der Schweiz auf Bundesebene erst 1971.

Doch nicht nur die Teilnahme am politischen Leben war lange Zeit unmöglich, sondern auch der Zugang zu höherer Bildung oder zu qualifizierten Berufen. Erst seit dem Jahr 1878 durften Mädchen ein Gymnasium absolvieren, es musste dort eine „höhere, der weiblichen Wesensart entsprechende Bildung" gewährleistet sein, wie es im damaligen Erlass hieß. Und auf dem Reifezeugnis der Schülerinnen fehlte die Klausel „berechtigt zum Besuch einer Universität". Denn da durften sie in der k. u. k Monarchie erst 20 Jahre später hin, zunächst auf die Philosophische Fakultät der Universität Wien. Ob Frauen Medizin studieren durften, war zu diesem Zeitpunkt noch heiß umstritten. 1895 veröffentlichte ein bekannter Wiener Medizinprofessor, der Chirurg Eduard Albert, ein Buch, in dem es wörtlich hieß, die wissenschaftlichen Leistungen von Frauen seien mit jenen der Männer nicht zu vergleichen, weil, ebenso wörtlich, Frauen die viel kleineren Köpfe hätten. Fünf Jahre später, im Jahr 1900, wurden in Wien dennoch die ersten Frauen zum Medizinstudium zugelassen. Eduard Albert erlebte es nicht mehr mit, er erlag kurz davor einem Schlaganfall.

Das Studium der Rechtswissenschaften durfte in Österreich erst in der Ersten Republik, im Wintersemester 1919, von weiblichen Hörerinnen belegt werden. Und katholische Theologie durften Frauen erst in der Zweiten Republik inskribieren, im Jahr 1946. Davor hatte sich die Bischofkonferenz gegen Studentinnen quergelegt.

Während der Monarchie waren über Jahrzehnte hinweg Lehrerinnen-Bildungsanstalten der einzige Weg zu höherer Qualifikation für Frauen. Dieser Beruf war jedoch mit einem gewaltigen Haken verbunden: Wollten die Absolventinnen unterrichten, durften sie nicht heiraten. Es galt der sogenannte „Lehrerinnen-Zölibat" – Ehe oder Beruf, beides ging nicht, während der gesamten Zeit der Monarchie und in manchen Bundesländern noch weit darüber hinaus. Gestrichen wurde dieses Eheverbot für Lehrerinnen erst im Jahr 1949 per Bundesgesetz. Die Landesregierungen von Tirol, Vorarlberg und Salzburg hatten sich selbst da noch vehement gegen seine Abschaffung ausgesprochen.

Lehrerin zu werden war also relativ früh möglich, solange man ledig blieb. Technische oder gewerbliche Berufe blieben Frauen dagegen meist unzugänglich. Im Jahr 1900 gab es in der Reichshauptstadt Wien genau drei gewerblich-technische Fortbildungsanstalten, die auch Frauen offenstanden: Die k. k. Kunststickereischule, der k. k. Zentralspitzenkurs, hier konnten die Absolventinnen das Spitzenklöppeln erlernen, und die k. k. Musterwerkstätte für Korbflechterei. Frauen blieb meistens also nur der Rückzug in den Haushalt, als Ehefrau und Mutter oder als Hausbedienstete. Wobei es dem Arbeitgeber und Haushaltsvorstand bis ins Jahr 1910 erlaubt war, diese „Dienstbotinnen" zu züchtigen. Ein Recht auf eine fixe Ruhezeit – und einen verschließbaren Schlafraum – bekamen Hausangestellte erst im Jahr 1926.

Der Weg zur rechtlichen Gleichstellung blieb für Frauen steinig. Erst 1957 konnten sie ohne Genehmigung des Ehemannes ein Bankkonto eröffnen. Immerhin durften sie in Österreich zu diesem Zeitpunkt bereits den Führerschein machen – in Deutschland war dafür bis 1958 immer noch die Unterschrift des Mannes vonnöten.

Größere Schritte gelangen dann in der Ära Kreisky, im Rahmen des „Familienrechts-Pakets" von 1975. Der Ehemann und Vater war nun nicht mehr automatisch das Familienoberhaupt, und das hatte sehr konkrete Auswirkungen: Auch die Mutter konnte nun einen Passantrag oder einen Lehrvertrag für ihr Kind unterschreiben. Sie kann seither auch über den Wohnsitz der Familie mitentscheiden – und über ihren eigenen Namen. Denn war bis dahin der Nachname des Mannes automatisch der Familienname, geht es jetzt auch anders, einschließlich der Wahl eines Doppelnamens. Am wichtigsten war aber das Recht, nunmehr eigenständig einen Beruf antreten zu können. Bis ins Jahr 1975 brauchten verheiratete Frauen nämlich die schriftliche Erlaubnis ihres Gatten, um arbeiten zu dürfen. Damit war es nun vorbei. Und es ging Schritt für Schritt weiter: 1979 folgte das Gleichstellungsgesetz für die Privatwirtschaft, also das Prinzip von gleichem Lohn für gleiche Arbeit. Zehn Jahre später wurde wieder ein Stück am Weg zur Selbstbestimmung zurückgelegt: Vergewaltigung oder Nötigung in der Ehe wurden strafbar. 1989 endete endlich auch eine behördliche Maßnahme, die ledige Mütter bis dahin unter Kuratel gestellt hatte: Ihre Kinder bekamen automatisch einen Amtsvormund. Wollte eine ledige Frau nach der Geburt selbst die Vormundschaft übers Kind erhalten, musste die Fürsorgebehörde einen entsprechenden Antrag genehmigen. Nur bei in aufrechter Ehe geborenen Kindern hatten die Eltern von vorneherein die Obsorge über.

Viel hat sich also getan, Frauenpolitik ist auf der politischen Agenda gelandet, auch institutionell. Johanna Dohnal wurde 1979 Österreichs erste Frauen-Staatssekretärin, 1991 dann die erste Frauenministerin. Der Frauenanteil in den Regierungen ist gestiegen, auch wenn die erste weibliche Kanzlerschaft von Brigitte Bierlein nur eine kurze Episode blieb. Im Nationalrat beträgt der Anteil der weiblichen Mandatare derzeit knapp 40 Prozent – bis Mitte der 80er-Jahre lag er im einstelligen Bereich.

Im täglichen Leben ist aber noch viel aufzuholen. Jährlich wird am *Equal Pay Day* untersucht, um wie viel weniger Frauen – bei gleicher Arbeitszeit – verdienen als ihre männlichen Kollegen. 2024 war das in Österreich bei vergleichbaren Bedingungen, also auf Vollzeitjobs umgerechnet, noch immer ein Unterschied von zwölf Prozent. Es gibt viele Gründe, die dafür vorgebracht werden. Es kann an der Berufswahl liegen, an Kindererziehungs-Auszeiten, es liegt vielleicht auch an der unterschiedlichen Gewichtung von Karrierezielen. Es kann aber auch am Nachklang alter Rollenbilder liegen, denn in der Großstadt, in Wien, betrug dieser Einkommensunterschied zwischen Männer und Frauen drei Prozent. In Vorarlberg lag er im selben Jahr bei 21 Prozent.

Die Orte der Demokratie

Auf drei Säulen ruht ein Rechtsstaat: auf einer demokratisch legitimierten Regierung, die die Verwaltung des Landes überhat. Auf einer unabhängigen Justiz, die dies auch kontrolliert. Und auf der Legislative, der „gesetzgebenden Körperschaft", wie es in amtlicher Übersetzung heißt, oder kurzgefasst: auf einem Parlament. Dort sind Säulen dann auch fast immer real zu sehen – weltweit sind die meisten Parlamente in klassizistischem Stil gebaut, mit Kuppeln, Giebeldreiecken, Reliefs und vor allem: mit Säulen. Das Hohe Haus an der Wiener Ringstraße wirkt von außen wie ein griechischer Tempel, und dass Pallas Athene, die griechische Göttin der Weisheit, fast sechs Meter hoch davorsteht, verstärkt den Eindruck noch.

Das antike Griechenland gilt bis heute als Wiege der Demokratie. Schon der Begriff kommt aus dem Altgriechischen und bedeutet „Volksherrschaft". In Parlamenten hat diese allerdings früher nicht stattgefunden. Denn der Versammlungsort der Griechen war zunächst der städtische Marktplatz, die *Agora*. Dort wurde gehandelt, gebetet und beraten. Wuchsen die Städte, so wurden diese Plätze von Säulenhallen eingerahmt, dort war man vor Sonne und Regen geschützt. Die Versammlungen fanden jedoch immer noch im Freien statt. Als die Agoras mit der Zeit zu klein wurden, traf man sich in Amphitheatern zur gemeinsamen Beratung. Diese Treffen waren in den griechischen Stadtstaaten den freien Bürgern vorbehalten, das Stimmgewicht richtete sich nach der Wehrfähigkeit: Wer sich schwere Bewaffnung leisten konnte, zählte mehr als Leichtbewaffnete. Frauen waren nach diesem Prinzip von der Volksherrschaft, der Demokratie, ausgeschlossen.

Diese Art der Volksversammlung, gestaffelt nach Besitz und Wehrfähigkeit, wurde auch in Rom übernommen. Zwischen Patriziern und Plebejern wurde streng unterschieden, abgestimmt wurde in Kurien unter freiem Himmel, am *Forum*. Es war keine Versammlung von Gleichen, denn jene, die gleicher waren, gehörten dem *Senat* an, dem Gremium der aristokratischen Oberschicht. Für die gab es auch Gebäude. Wer schon mal in Rom das Forum Romanum besucht hat, hat möglicherweise die *Curia Julia* besichtigt, das von Julius Cäsar und Kaiser Augustus erbaute Senatsgebäude. Das ist weder besonders groß noch besonders beeindruckend. Es ist ein relativ kleiner, rechteckiger Bau, der nicht einmal 500 Quadratmeter umfasst. Die Jahrtausende überstanden hat das Gebäude, weil es im Jahr 630 von Papst Honorius in eine Kirche umgewandelt wurde. Eine vergleichsweise kleine – der Wiener Stephansdom ist 16-mal größer, der Petersdom in Rom knapp 50-mal. Da der römische Senat aber nur ein paar Hundert Mitglieder zählte, reichte auch die Curia Julia, vor allem, weil die Bedeutung des Senats in der römischen Kaiserzeit schwand. Die Geschichte, dass der berüchtigte Kaiser Caligula sein liebstes Rennpferd als Konsul in den Senat entsenden wollte, ist aber wohl eher der posthumen Propaganda seiner Gegner entsprungen.

Die Idee der Volksversammlungen als Entscheidungsgremien aller freien, wehrfähigen Männer überlebte aber das Römische Reich. Vor dem Erstarken der zentralen Königsmacht fanden sie in allen germanischen Gebieten statt, unter freiem Himmel, wie bei Griechen und Römern. Im Mittelalter entstanden dann sogenannte Landtage. Diese trafen sich anfangs ebenfalls im Freien, ihre Mitglieder wurden von den Herrschenden immer mehr handverlesen. Für sie baute man dann auch Landhäuser mit Versammlungssälen.

Hinein kam in dieses Gremium nur, wer schon dazugehörte. Durch Abstammung, durch Besitz, durch ein Amt. Ein System, das sich über Jahrhunderte hielt. Vertreten waren der grundbesitzende Adel, die höhere Geistlichkeit und die Repräsentanten einzelner landesfürstlicher Städte, die zentrale Aufgabe dieser Landtage war nicht das Erlassen von Gesetzen, sondern das Genehmigen von Steuern und Abgaben. Es dauerte bis zur Regentschaft von Kaiser Franz Joseph, bis man von dieser ständisch-mittelalterlichen und nur auf Ebene der einzelnen Länder existierenden Vertretung abließ.

1861 konnte man erstmals von einem Parlament in Wien sprechen. Errichtet wurde es innerhalb weniger Wochen auf dem ehemaligen Glacis, der alten Stadtbefestigung. Ein Holzbau mit – erraten – Säulen im Bereich vor dem Eingang, ein vor dem Schottentor gelegenes Provisorium. Die Wiener nannten es wenig respektvoll „Bretterbude".

Das heutige Parlamentsgebäude an der Ringstraße wurde erst 1883 bezogen. Und da gab es dann schon so etwas wie eine ernst zu nehmende Volksvertretung. Der erste Reichsrat in der „Bretterbude" war noch von den einzelnen Landtagen beschickt worden. Seit 1873 gab es erstmals ein direktes Wahlrecht im österreichischen Teil der Doppelmonarchie. „Gleich" war es nicht, viele haben es auch nicht wahrnehmen können. Wählen durfte nur, wer eine bestimmte jährliche Steuersumme abgeliefert hatte – und wer ein Mann war. Berechnungen haben ergeben, dass bei der ersten Reichsratswahl nur rund sechs Prozent der Bevölkerung wahlberechtigt waren – 94 Prozent waren es also nicht.

Immer neue Reformen brachten in den folgenden Jahrzehnten immer breiteren Schichten das Wahlrecht, wirklich viele stimmberechtigte Staatsbürger kamen aber bis zum Ende der Monarchie nicht zusammen. 1907 wurde zwar das allgemeine Wahlrecht eingeführt, doch man hob zugleich das Wahlalter auf 24 Jahre an. Und viele Gruppen waren von vornherein von der Wahl ausgeschlossen: Von Soldaten über Menschen, die auf die örtlichen Armenhilfen angewiesen waren, bis hin zu Wanderarbeitern oder den Wohnsitz wechselnde Dienstboten – sie alle hatten kein Wahlrecht, genauso wie die Frauen (siehe S. 111, *Kein Job, kein Konto – das Leben unserer Urgroßmütter*). So waren bei diesen letzten „allgemeinen Wahlen" der k. u. k Monarchie alles in allem nur 20 Prozent der Menschen wahlberechtigt.

Das Parlament als Ort der Volksherrschaft, der Demokratie, war also immer auch davon bestimmt, was man als Volk definiert und zur Teilnahme zugelassen hat. Großer Hochmut gegenüber diesen vergangenen Zeiten steht uns aber auch heute nicht zu. Wir wählen zwar mittlerweile gleich, geheim und frei, ohne Beschränkung durch Geschlecht, Vermögen oder Bildung. Mit der Herkunft sieht es aber anders aus: Wenn man davon ausgeht, dass das „Volk" alle bei uns lebenden Menschen umfasst, muss man auch anerkennen, dass Menschen ohne Staatsbürgerschaft ebenso mitbetroffen sind. Mitentscheiden können sie jedoch nicht. In Wien sind aus diesem Grund derzeit rund ein Drittel der hier Lebenden nicht wahlberechtigt.

Wenn die Straße Politik macht

Parlamente sind nicht die einzigen Orte politischer Betätigung. Sobald die Zeiten unruhig werden und ausreichend Menschen aufeinandertreffen, besteht die Möglichkeit, dass die bisherige Ordnung ins Wanken gerät. Das wussten stets auch die Obrigkeiten. Wer sich die sogenannten *Banntaidinge* kleiner österreichischer Orte ansieht, bemerkt das rasch. Dabei handelt es sich um örtliche Rechtssammlungen, auch um Vorschriften und Verbote, häufig mit drakonischen Strafen versehen.

In der kleinen Waldviertler Gemeinde, in der ich früher wohnhaft war, fand sich in diesem Regelwerk neben erlaubter Gewalt gegen allfällige Diebe oder andere Eindringlinge in den Privatbereich auch manch harsche Regelung für den Aufenthalt in der Öffentlichkeit. So war im mittelalterlichen Banntaiding dieses Ortes explizit die Ansammlung von mehr als drei Personen auf offener Straße verboten – und zwar dann, wenn sie Gegenstände bei sich trugen, die man als Waffen hätte einsetzen können, wie Sensen oder Dreschflegel. Solche Werkzeuge sind mittlerweile auch am Land kein alltägliches Gepäck mehr. Die Straße ist aber ein Ort des Unmuts geblieben. Auch wenn die Proteste mittlerweile – Gott sei Dank! – zum allergrößten Teil friedlich ausfallen.

In der Zwischenkriegszeit war das noch anders. Da kam es bei Zusammenstößen zwischen sozialdemokratischem Schutzbund, Heimwehr und Nazis häufig zu Verletzten, immer wieder auch zu Toten wie im burgenländischen Schattendorf. Sozialdemokratische Schutzbündler hatten dort gegen eine Versammlung rechtsgerichteter Frontkämpfer demonstriert. Die eröffneten das Feuer, ein Kind und ein Kriegsinvalider starben. Es kam zu einem Prozess. Als die Todesschützen freigesprochen wurden, zündeten Protestierende den Wiener Justizpalast an, der Wiener Polizeipräsident Schober ließ schießen, die Folge waren 90 Todesopfer und 600 Verletzte.

Solche gewalttätigen Auseinandersetzungen gibt es in der Zweiten Republik nicht mehr. 1965 wurde der KZ-Überlebende Ernst Kirchweger bei einer Demonstration von einem Burschenschafter niedergeschlagen und tödlich verletzt, er bleibt das einzige Todesopfer bei einer politischen Protestkundgebung in der Zweiten Republik.

Zu Schwerverletzten kam es im Zuge kommunistischer Unruhen im Oktober 1950. Die Regierung hatte zuvor ein Abkommen zur Begrenzung von Löhnen und Preisen beschlossen, 6000 Menschen zogen daraufhin zum Bundeskanzleramt; Sprecher der KPÖ prangerten die „Ausplünderung der arbeitenden Menschen“ an. KP-Rollkommandos besetzten Elektrizitätswerke, blockierten den Straßenbahnverkehr. Doch der erhoffte Generalsstreik kam nicht zustande, SPÖ-Gewerkschafter vertrieben die Kommunisten. Das befürchtete Eingreifen der Sowjets blieb ebenfalls aus, Österreich wurde nicht zur „Volksdemokratie“, wie in den Jahren zuvor Polen, Ungarn und die Tschechoslowakei. Das Land blieb demokratisch, der Protest friedlich: Die Studenten-Proteste von 1968 fanden in Wien großteils in Hörsälen statt und erregten den Boulevard mehr als die Behörden.

Ein wirklich breiter Widerstand formierte sich dann in den 70er-Jahren. Es handelte sich zunächst um ökologische Anliegen: Gegen das bereits fertiggestellte Atomkraftwerk Zwentendorf protestierte ab 1976 eine stetig wachsende Umweltbewegung mit sogenannten Sternmärschen aus ganz Österreich. So richtig erfolgreich wurde man damit allerdings erst, als sich ein Jahr später auch die ÖVP dagegen positionierte – vorrangig, um den damaligen Bundeskanzler Bruno Kreisky in eine Klemme zu bringen. Der reagierte mit einer Volksabstimmung über Zwentendorf und die Atomkraft. Am 5. November 1978 verlor er sie, ein Erfolg der Protestbewegung. Ein Jahr später verteidigte er die absolute Mehrheit der SPÖ bei den Nationalratswahlen, ein letzter Erfolg für Kreisky.

In den 80er-Jahren hieß das große Umweltthema dann Hainburg, es ging um die Errichtung eines weiteren Kraftwerks an der Donau, in der dortigen Au. Erst kam es zu Medienaktionen und einem Volksbegehren gegen das geplante Wasserkraftwerk, dann erneut zu einem Sternmarsch, wie bei Zwentendorf. Rund 8000 Menschen marschierten nach Hainburg, ein paar Hundert blieben im Augebiet, um die bereits begonnenen Rodungsarbeiten zu stoppen. Es war Dezember und entsprechend kalt, trotzdem standen sich binnen Kurzem mehr als 3000 Au-Besetzer und rund 800 Gendarmen und Polizisten gegenüber. Die Gewerkschaft der Bauarbeiter kündigte bereits an, ebenfalls einzugreifen, wie schon 1950 bei den Oktoberstreiks. Es war wieder eine sehr heikle Situation. Bevor es aber zu größeren Gewaltausbrüchen kommen konnte, rief der damalige Kanzler Fred Sinowatz einen „Weihnachtsfrieden" aus, der offenbar bis heute andauert. Die Bauarbeiten wurden jedenfalls nie wieder aufgenommen. Die Hainburger Au ist heute ein Nationalpark.

Der nächste große heimische Protest nannte sich Lichtermeer, seine Orte waren vor allem der Wiener Ring und der Heldenplatz. Rund 250.000 Menschen nahmen am 23. Jänner 1993 allein in Wien daran teil. In ganz Österreich waren es 300.000, die auf die Straße gingen; es war die größte Demonstration, die es in Österreich bis dahin gegeben hatte. Das Anliegen dieser Menschen war es, eine Gegenstimme zu einem Anti-Ausländer-Volksbegehren der FPÖ zu bilden.

Erfolgreich war dieser Protest vor allem als Manifestation eines liberalen Österreich. Wohl nicht zufällig spaltete sich 14 Tage nach dem Lichtermeer das „Liberale Forum" unter Heide Schmid von der FPÖ ab. Das Lichtermeer war auch insofern erfolgreich, als das Volksbegehren „Österreich zuerst" recht bescheiden im Mittelfeld aller bis dahin abgehaltenen Begehren landete: Etwas über sieben Prozent der Wahlberechtigten unterschrieben es letztendlich, die FPÖ hatte mit dem Dreifachen gerechnet. Inhaltlich war die FPÖ aber deutlich erfolgreicher: Viele Punkte des Begehrens wurden später von Regierungen umgesetzt, und zwar von Koalitionen, in denen die FPÖ nicht vertreten war.

In den vergangenen Jahren waren es dann vor allem die sogenannten Corona-Demos, die die Menschen auf die Straßen brachten. Bis zu 40.000 Teilnehmer nahmen an diesen Märschen teil, das Spektrum reichte von linken Impfgegnern bis zu rechten „Reichsbürgern", vereint hatte sie der Protest gegen die Maßnahmen der Regierung.

„Wir da unten gegen die da oben" ist meistens der Anlass dafür, auf die Straße zu gehen. Ein Aufschrei, weil man sich sonst nicht gehört fühlt. Im Jahr 2021 wurden allein in Wien 2100 Demonstrationen angemeldet und von der Polizei registriert. In den meisten

Fällen handelt es sich um sogenannte Stehkundgebungen mit einer Handvoll Teilnehmerinnen und Teilnehmern und einem Transparent vor dem Kanzleramt.

Manchmal sind es auch Demonstrationszüge von ein paar Hundert Menschen: Kurden, die gegen ihre Unterdrückung in der Türkei protestieren, Palästinenser und ihre Sympathisanten, Schülerinnen und Schüler im freitäglichen Klimastreik *for future*, die Gewerkschaft im Kampf für bessere Arbeitsbedingungen und höhere Löhne. Die umstrittensten Aktionen sind dabei derzeit jene, die die Straße selbst zum Akteur machen: „Klimakleber" generieren aus wenigen Teilnehmern große Wirkung. Die Blockaden sind erfolgreich, das Medienecho groß. Die ursprüngliche Intention der Mobilisierung einer mit den Anliegen sympathisierenden Mehrheit, wie sie im alten Demospruch „Solidarisieren! Mitmarschieren!" lautstark geäußert wurde, scheint aber kaum zu gelingen.

Klar ist allerdings, dass Protest zu einer Demokratie dazugehört. Dass die Gesellschaft die Formulierung anderer Meinungen nicht nur zulassen muss, sondern dass Protest oft auch eine notwendige Kurskorrektur anstößt. Denn ein Staat, der Kritik nicht aushält, könnte möglicherweise bald keiner mehr sein.

Kronen, Hymnen, Ländernamen: Wie Staat und Macht sich darstellen

Manchmal ist Schluss mit lustig: Wer in Tirol die Landeshymne, das Andreas-Hofer-Lied, nicht mit dem gebührenden Ernst singt, dem droht eine saftige Strafe. Seit 1948 ist die Hymne landesgesetzlich geschützt, das Lied darf nur bei Veranstaltungen und Feiern gesungen und gespielt werden, die seiner Würde als Landeshymne entsprechen, besagt der Paragraf 3 des entsprechenden

Gesetzes. Der Paragraf 4 sah bei Zuwiderhandeln bis zu vier Wochen Arrest vor. Diese Drohung wurde erst 2004 gestrichen, dafür wurde die Strafhöhe von 1000 Schilling auf 2000 Euro angehoben, also fast verdreißigfacht. Im selben Gesetz verbietet Tirol übrigens auch, einen anderen Text zur Melodie zu singen. Hätte Rapid Wien seine alte Vereinshymne noch, wären die Grün-Weißen in großen Nöten. Denn wo in Tirol erklingt: „Zu Mantua in Banden der treue Hofer war / In Mantua zu Tode führt ihn der Feinde Schar", sang man in Hütteldorf früher zur selben Melodie: „Rapid bin ich und will es sein, solang mein Auge sieht. Solange noch ein Tropfen Blut durch meine Adern zieht." Die neue Hymne „Rapid, Rapid, des is mei Mannschaft / Rapid, Rapid, des is mei Leb'n" ist dagegen auch im Innsbrucker Tivoli-Stadion recht ungefährlich zu singen.

Andere Länder sind bei ihren Symbolen und Hymnen übrigens wesentlich liberaler als Tirol, vor allem Deutschland hat einen recht lockeren Umgang – mit fremden Hymnen. Denn das deutsche Nationallied wird schon fast traditionell anderen Ländern entwendet. Auch Österreich ist unter den Opfern: Was heute unter „Deutschlandlied" firmiert, hat der Österreicher Josef Haydn im Jahr 1797 komponiert. Und zwar als „Kaiserhymne". Der Text lautete im Original: „Gott erhalte Franz, den Kaiser", was schon unter seinem Nachfolger Ferdinand nicht mehr so recht passte. Unter Kaiser Franz Joseph hieß es daher zur selben Melodie: „Gott erhalte, Gott beschütze unser'n Kaiser, unser Land." Und als die Monarchie untergegangen war, sang man in Wien scherzhaft: „Gott erhalte, Gott beschütze unser'n Renner, unser'n Seitz / und erhalt, man kann's nie wissen, auch den Kaiser in der Schweiz." Dort war Kaiser Karl damals im Exil, Karl Renner war Staatskanzler der jungen Republik und Karl Seitz der rote Wiener Bürgermeister.

Doch die Kaiserhymne war schon davor eine Art internationaler Hit geworden, als passende Melodie für patriotische Texte. Im Herzogtum Anhalt etwa sang man zur Haydn-Melodie: „Gott erhalte uns aus Gnaden, unser'n Herzog und sein Haus." Aber auch Revolutionäre haben sich der schönen Melodie bemächtigt: Der deutsche Dichter August Heinrich Hoffmann von Fallersleben verfasste schon 1841 einen Text dazu, der antimonarchistisch und national war: „Deutschland, Deutschland über alles, über alles in der Welt." In der Weimarer Republik wurde der Text zur Haydn-Melodie dann als „Deutschlandlied" zur deutschen Hymne bestimmt. Auch wenn das Lied seit 1945 nur mehr mit der dritten Strophe gesungen wird: „Einigkeit und Recht und Freiheit."

Die Übernahme der alten österreichischen Kaiserhymne erfolgte 1922. Die zuvor gültige Hymne des deutschen Kaiserreichs hatte ebenfalls eine recht bekannte Melodie. Der Text lautete: „Heil dir im Siegerkranz", und wer die Melodie hört, dem fällt sofort „*God save our gracious king*" dazu ein – denn auch diese deutsche Hymne war eine „Leihgabe", in diesem Fall aus Großbritannien.

Die Engländer singen ihre Hymne bis heute, und auch Österreich gab seine alte Melodie zunächst nicht auf. Bis Hitlers Einmarsch sang man zur alten Haydn-Meldodie: „Sei gesegnet ohne Ende." Im Text des Ständestaates ging es weiter mit: „Deutsche Arbeit, ernst und ehrlich, Deutsche Liebe, zart und weich. / Vaterland, wie bist du herrlich, Gott mit dir, mein Österreich." Vom Standpunkt eines Österreich-Bewusstseins in Abgrenzung zum Deutschnationalismus war das schon ein wenig fragwürdig.

Die Zweite Republik brachte dann eine neue Bundeshymne für Österreich. Dass es sich dabei um eine Mozart-Melodie handelt, ist allerdings ein weitverbreiteter Irrtum. Denn die Melodie stammt von einem Bundeslied der Freimaurer, das nur irrtümlich Mozart zugeschrieben wurde. Verfasst wurde es laut neueren Erkenntnissen stattdessen von seinen Logenbrüdern. Wer ehrlich ist, muss zugeben: Die Hymne klingt auch nicht sehr nach Mozart. Sie klingt eher so, als hätte der Komponist Johann Baptist Holzer geheißen oder Paul Wranitzky. Das sind nämlich jene beiden Männer, denen die Musikwissenschaft heute die Melodie zuschreibt.

Offenbar ist es gar nicht so einfach, eine für die Repräsentation geeignete. feierliche Melodie zu finden. Aber immerhin geht es uns nicht wie den Bürgern des amerikanischen Bundesstaates Maryland. Die singen ihre Hymne „Maryland, my Maryland" nämlich zur Melodie von „O Tannenbaum".

Symbole, die den Staat repräsentieren, sind also eine spezielle Sache, ob musikalisch oder dinglich. Über die Jahrtausende am wichtigsten waren die sogenannten Insignien: Gegenstände, die die Macht im jeweiligen Reich verkörpern. Zepter, Reichsäpfel und allen voran die Kronen. Wie wichtig diese Kopfbedeckung ist, um einem Herrscher die nötige Legitimation zu geben, haben wir zuletzt bei der Krönung von König Charles gesehen – wir und weitere zwei Milliarden Menschen, die bei der Fernsehübertragung aus London dabei waren. Prunkvoll, prächtig und vom Tragekomfort her offenbar ein wenig unbequem.

Der Beginn der Kronen war vergleichsweise bescheiden: Schon in der Antike hob man Herrscher durch spezielle Kopfbedeckungen hervor, etwa wenn man sie auf Münzen abbildete. Dabei handelte es sich allerdings meist um sogenannte Königs-Binden: Tücher oder Kränze, die man ums königliche Haupt gewunden hatte. Bei den Griechen waren es eine Art Stirnbänder, bei den Römern Kränze, etwa der Lorbeerkranz, später wurde der auch gern vergoldet. Recht bald wurden aber schon richtige Kronen daraus. Schon in der Spätantike wurde der Kopfschmuck immer größer. Der letzte persische Großkönig war Chosrau II., er lebte Ende des 6., Anfang des 7. Jahrhunderts. Er soll antiken Quellen nach bei seiner Krönung eine 91 Kilo schwere Krone getragen haben – sicherlich nicht weit, wenn die Angabe stimmt.

In unserer Gegend waren die fränkischen Könige stilbildend. Denn bei Germanenstämmen trugen die Anführer stets besonders herrliche Helme. Die deutschen Kaiserkronen wurden dann solchen geschmückten Helmen nachgebildet. Wohl auch in der Hoffnung, dass sie mehr Schutz bieten würden als ein Lorbeerkranz.

Ohne Krone ging es jedenfalls nicht: Für eine Krönung musste die richtige Krone am richtigen Ort von der richtigen Person – dem *Koronator* – aufs Haupt gesetzt werden, sonst war man kein König. Im Heiligen Römischen Reich des Mittelalters war das der Erzbischof von Köln, der Krönungsort war Aachen. Nur von ihm und nur dort konnte man zum deutschen König gekrönt werden. Und nur der Papst führte Kaiserkrönungen durch. Englischer König wird man bis heute durch den Erzbischof von Canterbury in der Westminster Abbey, wie wir bei Charles gesehen haben.

Angesichts dieser etwas aufwendigen Rahmenbedingungen ist das Ritual der Krönung im modernen Europa aus der Mode gekommen. Nur mehr in Großbritannien wird es beibehalten. In allen anderen Monarchien, von Spanien bis Schweden, von Belgien bis Dänemark, legen die Könige und Königinnen bloß einen Amtseid ab, so wie bei uns der Bundespräsident. Das sind dann meist recht nüchterne Angelegenheiten, ohne Krone und ohne Salbungen mit heiligem Öl wie in London.

Prächtige Krönungszeremonien halten noch das Südseekönigreich Tonga und die kleinen afrikanischen Monarchien Swasiland und Lesotho ab. In Asien gibt es Krönungen in Japan, Thailand und Kambodscha. Gekrönt werden außerdem die Herrscher von Brunei und Malaysia, sie werden dadurch allerdings zum Sultan und nicht zum König.

Auch die österreichischen Kaiser sind damals aber nie in einer eigenen Zeremonie gekrönt worden, außer als Könige von Ungarn. Alle anderen Kronen, vom Kaiser in Österreich über den König von Böhmen bis zum aus dem Mittelalter stammenden König von Jerusalem, wurden nur per Kanzleiakt übernommen. Im sogenannten „Großen Titel“ von Kaiser Franz Joseph führte er gezählte 49 Titel auf. Vom Kaiser und (mehrfachen) König bis rangmäßig hinunter zum „Herrn auf der Windischen Mark“ und zum „Großwojwoden der Woiwodschaft Serbien“. Der Kaiser war dies alles und noch viel mehr. Wenn Franz Joseph auf Auslandsreisen war und es sich um keine offiziellen Besuche handelte, dann geschah dies unter seinem Titel „Graf von Hohenems".

Das führt zu einem weiteren Punkt des Selbstverständnisses eines Staates, neben Kronen und Hymnen: Wie heißt er eigentlich und wie nennen sich seine Bewohner? Staatsnamen sind wichtig. Und oft irreführend: Die DDR, die Deutsche Demokratische Republik, etwa war nicht demokratisch, zumindest nach unseren Vorstellungen von Demokratie. Denn Staatsnamen sind Manifestationen der Politik. Als aus dem Kaisertum Österreich die Doppelmonarchie Österreich-Ungarn wurde, war das der Beleg für eine Schwächeperiode der Habsburger. Der Niederlage im Krieg gegen Preußen 1866 folgte im Jahr darauf der Ausgleich mit Ungarn, oder den „Ländern der Heiligen Stephanskrone", wie dieser Reichsteil zuvor geheißen hatte.

Österreich selbst war schon eine Herrschaftsansage gewesen. Der Begriff *Ostarrichi* stammt aus einer fränkischen Urkunde des Kaisers Otto III. Er bezeichnete damit ein Land, das von den Bajuwaren gerade erobert worden war und wo zuvor Awaren und Slawen gesiedelt hatten. Der Name „Reich im Osten" verwies auf diese Grenzlage.

Wie wichtig Namen sind, war dann auch in der NS-Zeit zu merken. Ein „Tausendjähriges Deutsches Reich" konnte kein Österreich neben sich dulden. Daher wurde es zunächst zur Ostmark degradiert. 1942 wurden daraus die Alpen- und Donau-Reichsgaue und statt Ober- und Niederösterreich hieß es Oberdonau und Niederdonau.

Die jüngste Umbenennung eines Landes könnte demnächst in Indien stattfinden. Ministerpräsident Narendra Modi hat sich für eine Umbenennung in *Bharat* ausgesprochen, einen alten Sanskrit-Name für Indien. Modi ist Vorsitzender einer nationalistischen Hindu-Partei, er hat zuletzt den *President of Bharat* statt den *President of India* auf offizielle Einladungen setzen lassen. Und damit eine heftige Debatte ausgelöst: Modis Parteigänger erklären, sie wollten mit der Umbenennung eine kolonialistische Vergangenheit hinter sich lassen. Die Opposition sieht darin aber einen Angriff auf alle anderen Volksgruppen in Indien: *Bharat* geht auf einen Hindu-König zurück, in Indien leben allerdings sechs große Volksgruppen und über 600 Stämme mit mehr als 100 unterschiedlichen Sprachen.

Wobei der Name Indien in der Tat erstmals im 18. Jahrhundert von den Briten verwendet wurde, um das Gebiet südlich des Himalaya zu bezeichnen. Der Name kommt vom *Indus*, dem größten Strom des heutigen Pakistan, das Sanskrit-Wort heißt übersetzt ganz einfach „Fluss". Die Briten übernahmen die Bezeichnung von den Mogulen, das waren jene Herrscher in Indien, die ursprünglich aus Persien kamen. Schon die hatten das Land – auf Persisch – als *Hindustan* bezeichnet, übersetzt „Land des Indus".

Im Rahmen der Entkolonialisierung kam es immer wieder zu neuen Staatsnamen. Aus dem afrikanischen Ober-Volta wurde Burkina Faso, aus Burma Myanmar, aus Rhodesien Zimbabwe. Zum Teil waren diese Umbenennungen höchst verständlich. Rhodesien war nach Cecil Rhodes benannt worden, einem Unternehmer des 19. Jahrhunderts, der in dieser britischen Kolonie Goldminen betrieben hatte. Dass man nach der Unabhängigkeit von Großbritannien nicht mehr nach dem Briten – und zeitweise reichsten Mann der Welt – heißen wollte, ist naheliegend. Der neue Staatsname *Zimbabwe* heißt übersetzt „ehrenwerte Häuser" oder auch „ehrenwerte Gräber", ein etwas ungewöhnlicher Name. Doch auch die anderen selbst gewählten Bezeichnungen haben programmatischen Charakter. Der Name *Myanmar* ist zusammengesetzt aus „schnell" und „zäh" und bedeutet in etwa „widerstandsfähiges Volk". *Burkina Faso* heißt übersetzt das „Land der Unbestechlichen". Das frühere Ceylon und jetzige *Sri Lanka* heißt übersetzt „ehrenwerte Insel". Angesichts der politischen Turbulenzen, die es in all diesen Ländern zuletzt gegeben hat, muss man aber sagen: Die Realität hält mit den neuen Namen nicht immer Schritt.

KAPITEL 6:

FAILED STATES, LÄNDER AN DER KIPPE – UND WIE MAN ES BESSER MACHEN KANN

Auch wenn es sich oft anders anfühlt: Wir leben in glücklichen Zeiten. Ernsthaft. Auch wenn man den Eindruck hat, dass die Krisen immer mehr werden und immer näher kommen, ist das Leben für die meisten Menschen in Europa immer noch recht angenehm und sicher (siehe S. 82, *Wieso die Welt doch besser wird*). Kein Hunger, kein Krieg – außer in der Ukraine – und das seit gut 80 Jahren.

Zugegeben: Jugoslawien ist in einem Bürgerkrieg zerbrochen, die einzelnen Staaten sind aber mittlerweile EU-Mitglieder oder Beitrittskandidaten. Zwischen Serbien und Kosovo wird immer noch gedroht, aber nicht geschossen. Die Tschechoslowakei hat sich friedlich getrennt. Die baltischen Staaten sind ein Erfolgsmodell, trotz der Bedrohung durch Putin. Es ist immer noch, trotz Klimawandel, Massenmigration und Pandemie, ein recht gutes Leben für die meisten Europäer. Die ganz großen, die lebensbedrohlichen Krisen finden in den Nachrichtensendungen statt und kaum in den eigenen vier Wänden.

Es gibt aber keine Garantien dafür, dass es für immer so bleibt. Staaten können auch scheitern, Gesellschaften untergehen. Das Römische Reich war eine Hochkultur mit riesigen Tempeln und Arenen, mit Thermen und Fußbodenheizungen, mit einer weitgehend alphabetisierten Bevölkerung. Die Bibliothek von Alexandria allein soll damals bis zu 700.000 verschiedene Werke umfasst haben. 1000 Jahre später gab es in ganz Europa rund 30.000 Bücher, alle mittelalterlichen Bibliotheken zusammengezählt.

Eine derartige Wissensvernichtung scheint in unserer globalisierten Welt undenkbar. Internet, Cloud-Systeme und USB-Sticks machen Daten unendlich oft speicherbar, praktisch jeder hat Zugang zu Computern und Smartphones. Aber alles Wissen dieser Welt bewirkt nichts, wenn es nicht in Handlungen mündet.

Gerade beim gegenwärtigen Klimawandel ist viel von Kipppunkten die Rede: Wenn bestimmte Messwerte, Fakten und Rahmenbedingungen eine gewisse Grenze überschreiten, dann kollabiert ein System. Solche Kipppunkte gibt es auch im Gesellschaftlichen. Ein gewisses Ausmaß an Unordnung und Regelwidrigkeit wird zwar abgepuffert, aber wenn Bedrohung, Armut und Machtlosigkeit größer werden als die Hoffnung auf ein besseres Leben, dann kippen auch Gesellschaften.

Das deutsche Geistesleben stand lange für das Außerordentliche: Kant und Marx, Leibnitz und Humboldt, Goethe und Heine, Bach und Beethoven. Dann kam zuerst ein verlorener Weltkrieg, dann ein Friedensschluss, der alle Schuld der einen, der deutschen Seite zuschrieb. Es folgten eine Hyperinflation, ein Börsenkrach, eine Weltwirtschaftskrise und eine gesellschaftliche Mitte, die sich immer mehr radikalisierte. Und schon war aus dem Volk der Dichter und Denker jenes der Richter und Henker geworden: Goebbels und Göring, Himmler und Mengele. Und unser Anteil daran – Hitler.

Nicht jede Gesellschaft, die in eine Schieflage gerät, endet in Weltkriegen und in der Shoah, Gott sei Dank. Aber vor diesem Äußersten gibt es viele Abstufungen von Scheitern. Im folgenden Kapitel soll ein Blick auf jene Staaten geworfen werden, die zu Krisenherden geworden sind oder zu werden drohen. Es sind fast immer Gesellschaften, denen es einmal gut gegangen ist. Es waren vorbildhafte Staaten – bis dann etwas gehörig schieflief. Vielleicht lässt sich aus dem Blick auf sie doch auch manche Lehre ziehen.

Argentinien: das Silber-Land

Argentum ist der lateinische Ausdruck für Silber. Genau das erwarteten sich die Spanier von ihrer neuen Kolonie, als sie sie im 16. Jahrhundert in Besitz nahmen. Nach dem Gold der Azteken sollten sie die südamerikanischen Inkas zum Silber führen. Im Französischen lautet das Wort für Geld *argent*, so gesehen war

Argentinien schon vom Klang her ein wortgewordenes Versprechen für Reichtum. Über Jahrhunderte hinweg wurde dieses auch eingelöst: Silber wurde zwar nie in nennenswerten Mengen gefunden, aber das Land war außergewöhnlich fruchtbar. Der Rio de la Plata oder Silberfluss fließt durch die weitgehend flache Graslandschaft der Pampa, die ideale Bedingungen für Landwirtschaft und Viehzucht bot. Argentinien zog ab der zweiten Hälfte des 19. Jahrhunderts große Mengen an Einwanderern aus Europa an: 1,6 Millionen Menschen aus Spanien, 2,3 Millionen aus Italien – aber auch viele aus Wales, dem ärmsten Teil Großbritanniens. In Patagonien, ganz im Süden Argentiniens, gibt es deshalb bis heute Walisisch sprechende Gemeinden.

Mit den Einwanderern und ihrem Aufstiegswillen kam der Reichtum. Die Gauchos, die berittenen Rinderhirten der Pampa, wurden zum Symbol für Land und Leute, der Export von Fleisch, Weizen und Mais machte das ganze Land wohlhabend. 1950 war Argentinien eines der reichsten Länder der Welt. Die Wirtschaftsleistung pro Kopf betrug damals das Achtfache jener in Österreich.

Das hat sich mittlerweile völlig umgekehrt: Heute wird bei uns – pro Kopf der Bevölkerung – das Fünffache an Wirtschaftsleistung erzielt wie in Argentinien. Das riesige Land in Südamerika, der achtgrößte Staat der Erde, ist ein krisengebeuteltes Schwellenland geworden. Und das neue Symbol Argentiniens ist nicht mehr der Gaucho, der Cowboy der Pampa. Sondern ein Mann, der bei öffentlichen Auftritten gern eine Kettensäge schwingt: Es ist Javier Milei, der Staatspräsident.

Als Jugend-Fußballspieler trug er den Spitznamen *El Loco*, der Verrückte. Als Wirtschaftsprofessor gestaltete er seine Prüfungen so schwierig, dass sie möglichst niemand bestand. Als Studiogast im Fernsehen und Radiomoderator wurde er bekannt, als Gründer einer libertären, ultrarechten Partei wurde er relevant – und mit dem Gewinn der Präsidentschaftswahlen im November 2023 wurde er mächtig.

Seine Wahl aus einer absoluten Außenseiterposition heraus war ein Ausdruck der Verzweiflung. Denn seit den 1950er-Jahren geht es mit dem Land kontinuierlich bergab. Populistische Regimes wechselten sich mit Militärdiktaturen ab. Stand es um die wirtschaftliche Lage besonders schlecht, musste auch mal ein Krieg als Ablenkungsmanöver dienen, wie bei der Besetzung der Falkland-Inseln 1982.

Aber warum ging es mit Argentinien so schief? Aus den Wirren der ersten Hälfte des 20. Jahrhunderts war man doch noch völlig unbeschadet hervorgegangen: Angesichts der Zerstörungen, die der Zweite Weltkrieg anderswo angerichtet hatte, konnte man damals stolz auf jährliche Wachstumsraten von fünf Prozent blicken und kurzfristig das höchste Bruttoinlandsprodukt pro Kopf der Welt verzeichnen. Man verdiente ein Vermögen mit der Ausfuhr von Fleisch, Getreide und Leder, der Peso war zu dieser Zeit neben Dollar und Pfund die härteste Währung der Welt.

Doch der Populist Juan Perón, ein ehemaliger General und Minister einer Militärregierung, verdreifachte nach seiner ersten Wahl zum Präsidenten im Februar 1946 binnen drei Jahren die Staatsausgaben und verdoppelte in zwei Amtsperioden die Zahl der Staatsangestellten. Große Teile der Industrie wurden verstaatlicht, Löhne und Sozialleistungen großzügig angehoben. Die Staatsverschuldung stieg massiv.

So ging es auch nach Peróns Sturz unter der folgenden Militärdiktatur weiter. Aufrüstung und das Militärabenteuer auf den Falkland-Inseln kosteten ein Vermögen, die Hyperinflation ließ sowohl Militärjuntas als auch Präsidenten stolpern. Die neoliberalen Nachfolger der Generäle banden also den Peso an den Dollar, plötzlich waren die Argentinier zumindest am Papier reich, doch die dafür nötige Stützung durch die Nationalbank führte 2001 zum Staatsbankrott. Innerhalb von nur zwei Wochen wechselten sich zum Jahreswechsel 2002 fünf Männer im Präsidentenamt ab, dann folgte wieder das schon gewohnte Hin und Her der Politik, erst links, dann rechts, dann wieder retour.

Die Hoffnungen auf eine Erholung wurden immer kleiner, die angebotenen Lösungen immer radikaler – bis hin zu Javier Milei, dem Mann, der im Wahlkampf mit einer Kettensäge auftrat. Mit dem Versprechen, damit das althergebrachte System zu zerstören.

Das Zerstören gelingt, das Neu-Aufbauen lässt auf sich warten. Gleich nach der Amtsübernahme ließ Milei den Peso um 54 Prozent abwerten. Öffentliche Bauten wurden ausgesetzt, Zehntausende Beamte gekündigt, die Hälfte der Ministerien aufgelöst. „Schock-Politik" nennt es Javier Milei selbst. Und die Wirtschaft ist in der Tat geschockt: Von Krankenkassenbeiträgen bis zum Schulgeld verdoppelten sich die Aufwendungen in den Monaten nach seinem Amtsantritt. Besonders deutlich wurde der Kurswechsel bei bis dahin staatlich gestützten Grundnahrungsmitteln: Ein Kilo Reis kostete im Frühjahr 2024 sechsmal so viel wie im Jahr davor. Zu diesem Zeitpunkt befanden sich auch 57 Prozent der Argentinier unter der Armutsgrenze, um 17 Prozent mehr als Anfang 2023. Die Zustimmungsraten für Milei bleiben aber – noch – stabil. Wenn so lange so viel schiefgegangen ist, lebt offenbar auch die Hoffnung etwas länger.

Haiti: die Hölle neben dem Paradies

Die Insel Hispaniola ist die zweitgrößte der Karibik, in etwa so groß wie Österreich. Gleich zwei Staaten liegen auf ihr, zwei unterschiedliche Sprachen werden gesprochen: Spanisch und das aus dem Französischen stammende Kreyol, die haitische Sprache. Der eine Staat, die Dominikanische Republik, gilt als Urlauberparadies. Der andere, Haiti, ist so zerfallen, zerstritten und umkämpft, dass sich zeitweise nicht einmal mehr internationale Polizeitruppen hineinwagen.

Ursprünglich waren beide Staaten, wie der Inselname nahelegt, eine spanische Kolonie. Santo Domingo, die Hauptstadt der „Dom

Rep“ wurde von Christoph Kolumbus’ Bruder Bartolomeo gegründet. Sie ist die älteste von Europäern gegründete Siedlung Amerikas. Im 17. Jahrhundert ergriffen dann französische Freibeuter Besitz vom Westen der Insel, Ludwig XIV., Frankreichs „Sonnenkönig“, unterstützte sie, die französische Kolonie Saint Dominque, das heutige Haiti, war geschaffen.

Das Interesse der Europäer galt vor allem den idealen Anbaubedingungen für Zuckerrohr. Dafür benötigten die Plantagenbetreiber Sklaven – und zwar viele davon. Das Geschäft lief gut, 1789, im Jahr der Französischen Revolution, kam die Hälfte des weltweit produzierten Zuckers aus Frankreichs Kolonie auf der Insel Hispaniola. Doch die Ideale der Französischen Revolution machten auch vor ihren Übersee-Besitzungen nicht halt: Freiheit, Gleichheit und Brüderlichkeit vertrugen sich nicht mit dem Halten von Sklaven. Das fanden zumindest diese. 1791 kam es zu einem Aufstand, der sehr rasch erfolgreich war. Schließlich standen 27.000 „weißen“ Franzosen knapp 500.000 Menschen gegenüber, die entweder Nachfahren der einheimischen Bevölkerung waren oder die man aus Afrika hierher verschleppt hatte. Mehr als 200 Plantagen gingen in Flammen auf, nach zwei Jahren wurde die Abschaffung der Sklaverei verkündet. Es war der erste erfolgreiche Aufstand gegen eine weiße Sklavenhalter-Gesellschaft, ein weltgeschichtlich außergewöhnlicher Moment. Doch die revolutionäre Gleichheit währte nicht lange.

1802 entsandte Napoleon Bonaparte eine 6000 Mann starke Streitmacht in die Kolonie, um das französische Recht wieder einzuführen – und auch die Sklaverei. Dieser Plan stieß bei vielen auf Widerstand, der Bürgerkrieg flammte wieder auf und endete in einer weiteren Revolution. Das Kaiserreich Haiti entstand, zum Kaiser ließ sich 1804 der ehemalige Sklave Jean-Jacques Dessalines ausrufen, als Kaiser Jakob I. Einen Zweiten gab es nicht, denn schon 1806 wurde der Kaiser ermordet. Haiti zerfiel in einen Südteil, der von Kreolen beherrscht wurde, also von Menschen mit weißen und schwarzen Vorfahren, und einen Nordteil, der von ehemaligen Sklaven aus Afrika regiert wurde.

Die Spaltung Haitis wurde zwar bereits 1820 wieder beendet, ein ökonomischer Aufschwung stellte sich jedoch nicht ein. Hohe Reparationszahlungen an Frankreich und an ehemalige Plantagenbesitzer trugen dazu bei, dass es kaum Spielraum für wirtschaftliche Entwicklungen gab. Aus den Plantagen waren wenig ertragreiche kleinbäuerliche Betriebe geworden, Haiti war sehr bald ein Armenhaus. Hinzu kamen politische Instabilität und korrupte Diktaturen, auch im 20. Jahrhundert. 1957 kam der frühere Arzt François Duvalier an die Macht, genannt „Papa Doc", 1971 folgte ihm sein Sohn Jean-Claude – „Baby Doc". Beide hingen dem Voodoo-Glauben an und stützten ihre Herrschaft auf die Miliz und Geheimpolizei der *Tontons Macoutes*, benannt nach einem Schreckgespenst, das in der Nacht Kinder entführt, kein zufälliger Spitzname.

Nach der Vertreibung von „Baby Doc" im Jahr 1986 wechselten sich Militärregimes mit autoritären Präsidialregimes ab, um nach dem großen Erdbeben von 2010 mit mehr als 300.000 Toten endgültig dem Chaos Platz zu machen. Heute wird Port-au-Prince, die Hauptstadt von Haiti, von miteinander konkurrierenden kriminellen Banden kontrolliert. Der letzte Ministerpräsident des Landes trat im Frühjahr 2024 auf einer Auslandsreise zurück, internationale Flüge wurden eingestellt, der Seehafen geschlossen, viele Staaten zogen ihre Diplomaten ab. Eine internationale Polizeimission unter der Führung von Kenia wurde von der kenianischen Regierung ausgesetzt. Die Lage sei zu gefährlich, hieß es. Im Juni 2024 gelang dann die Bildung einer Übergangsregierung, ihre Handlungsfähigkeit ist fraglich.

Die Regierung der Dominikanischen Republik plant mittlerweile den Bau einer Grenzmauer zu Haiti, quer durch die Insel Hispaniola. Haiti ist für die dort lebenden Menschen zu einem Gefängnis geworden.

Libanon: das Scheitern der „Schweiz der Levante“

Auch Länder, die eine gewisse Zeit als besonders erfolgreich, wohlhabend und sicher galten, sind nicht davor gefeit, all das wieder zu verlieren. Der Libanon ist ein Musterbeispiel dafür. Er war als unabhängiger Staat ein Kind des Zweiten Weltkrieges: Im November 1943 wurde er gegründet. Davor war das Land eine Art französische Kolonie gewesen, genauer gesagt ein Völkerbundmandat, seit dem Ende des Ersten Weltkriegs und dem Untergang des Osmanischen Reiches. Die Unabhängigkeit 1943 erfolgte durch die französische Exilregierung unter General de Gaulle, und sie erfolgte gegen das Versprechen, sich auf die Seite der Alliierten zu stellen.

Dieses Versprechen löste der Libanon auch ein, libanesische Truppen waren in den letzten Jahren des Krieges sowohl in Nordafrika als auch in Italien im Einsatz. Das Engagement aufseiten der Alliierten zahlte sich nach dem Krieg aus: Der Libanon wurde bereits bei der Gründungsversammlung der Vereinten Nationen im Februar 1945 zu einem der ersten Mitglieder der UNO. Der libanesische Diplomat Charles Habib Malik war Autor wesentlicher Teile der UNO-Charta sowie der Allgemeinen Erklärung der Menschenrechte – ein großer diplomatischer Erfolg für ein so kleines Land.

Allerdings war dieses kleine Land lange Zeit auch ein besonders wohlhabendes und gut geführtes, trotz schwieriger innerer Verhältnisse. Der Libanon wurde zum zentralen Finanz- und Handelszentrum des Nahen Ostens, in Beirut residierten die wichtigsten Banken, man konnte an den Ufern des Mittelmeers gut verdienen und gut leben. Das Land erhielt damals den Beinamen „Schweiz der Levante“, und Beirut galt als das „Paris des Nahen Ostens“, so mondän und modisch gab man sich in der Hauptstadt. Die Wirtschaftsleistung pro Einwohner war bis zum Jahr 1980 im Libanon höher als in Österreich.

Doch es gab stets große Diskrepanzen in der Bevölkerung. Der Libanon war nie ein rein muslimisches Land, im Gegenteil: Bei der letzten offiziellen Volkszählung hatten die libanesischen Christen einen Anteil von 54 Prozent. Allerdings fand diese letzte Zählung schon vor fast 70 Jahren statt, im Jahr 1956. Seit damals wurde nicht mehr nachgezählt, sicherheitshalber sozusagen. Heute wird geschätzt, dass rund zwei Drittel der Bevölkerung des Libanon Muslime sind. Aufgeteilt ist der muslimische Bevölkerungsanteil in Sunniten und Schiiten, die einander aus religiösen Gründen und mit eigenen paramilitärischen Einheiten bekämpfen. Und dann gibt es noch die Drusen, die sich von den Schiiten abgespaltet haben und die wiederum ihre eigenen Milizen haben.

Mitte der 70er-Jahre begann ein Bürgerkrieg, zunächst zwischen Christen und Muslimen. In der Folge marschierten die Nachbarstaaten ein, zuerst Syrien, dann Israel. Beide zogen wieder ab, aber das Töten ging weiter. 15 Jahre dauerte der Bürgerkrieg, als er 1990 zu Ende war, waren 90.000 Menschen tot und 800.000 auf der Flucht. Am Ende der kriegerischen Auseinandersetzungen stand ein Abkommen über die Machtverteilung im Land: Staatspräsident muss demnach immer ein Christ sein, Ministerpräsident ein Sunnit und Parlamentspräsident ein Schiit. Aber das gegenseitige Misstrauen und die Blockaden blieben bestehen, Korruption und Gewalt kamen hinzu. Heute ist der Libanon einer der am stärksten zerrütteten Staaten der Welt, wie man zuletzt bei der schrecklichen Explosion im Hafen von Beirut erleben musste.

Sieben Jahre lang waren dort in einem Lagerhaus fast 3000 Tonnen beschlagnahmtes Ammoniumnitrat gelagert worden. Der als Düngemittel verwendete Stoff kann bei unsachgemäßer Lagerung hochexplosiv werden, doch Warnungen wurden nicht beachtet, die Gefahr vergessen, Sicherheitsvorkehrungen verschlampt. Am 4. August 2020 kam es zur Katastrophe: Bei Schweißarbeiten entzündeten sich Feuerwerkskörper, die man leichtsinnigerweise ebenfalls genau dort gelagert hatte. Durch deren Explosion flogen auch die 3000 Tonnen Ammoniumnitrat in die Luft. Mehr als 200 Menschen starben, mehr als 6500 wurden verletzt, rund 300.000

mussten ihre Wohnhäuser verlassen. Es war sozusagen der letzte Nagel im Sarg eines *failed state*, eines gescheiterten Staates.

Die Wirtschaftsleistung des Libanon ging allein in den drei Jahren nach der Katastrophe im Hafen von Beirut um 40 Prozent zurück. Der Wert der Währung schrumpfte um 95 Prozent. Vier von fünf libanesischen Familien leben mittlerweile in Armut. Dazu kommen 1,5 Millionen Menschen aus Syrien, die der Libanon aufgenommen hat, eine von sieben Personen im Land ist mittlerweile ein Flüchtling. Und sollten die Scharmützel zwischen schiitischer Hisbollah-Miliz und Israel zu einem wirklichen Krieg werden, sieht die Zukunft noch viel düsterer aus als die Gegenwart.

Israel und Gaza: ein Testlauf für den Untergang

Der 7. Oktober 2023 hat die Welt verändert. Erstmals seit dem Holocaust sind auf einen Schlag mehr als 1200 Jüdinnen und Juden ermordet worden, in einer von langer Hand geplanten Aktion der islamistischen Hamas. Abgeschlachtete Babys, Massenvergewaltigungen, das Niederbrennen von Häusern, in denen Menschen Zuflucht gesucht hatten, dazu Hunderte junge Besucher eines Friedenskonzertes, die ebenfalls ermordet wurden. Es grenzt ans Unvorstellbare und Unsagbare, was die Hamas und ihre Schergen an diesem Samstag im Oktober 2023 im Süden Israels angerichtet haben.

Was sich in den Monaten danach im Gazastreifen, aus dem dieser Angriff kam, ereignete, ebenfalls. Hier bricht ein Konflikt durch, dessen Wucht sich nur aus der Geschichte erklären lässt.

Der moderne Staat Israel ist, wenn man so will, ein Kind der Judenverfolgungen der Nationalsozialisten. Als Israel am 14. Mai 1948 um exakt 16.00 Uhr als eigener, unabhängiger Staat ausgerufen wurde, geschah dies unter dem Eindruck des soeben überwundenen Holocaust. Die Gräuel der Konzentrationslager verliehen dem Ruf nach einem eigenen Staat für Juden das nötige Gewicht, um von der Welt gehört zu werden. Nur dass eben am Staatsgebiet des neuen Israel schon Menschen lebten, die keine Juden waren und keine Israelis werden wollten.

In Palästina lebten damals rund 500.000 Araber – oder Palästinenser, wie man dann zu ihnen sagte – und mehr als 200.000 Juden. Die Briten, die Palästina als Völkerbundmandat verwalteten, hatten in den 30er-Jahren die jüdische Zuwanderung auf 10.000 im Jahr beschränkt, schon da war es zu Protesten und Pogromen gekommen. Bei Anschlägen und Überfällen waren immer wieder auch britische Soldaten zu Opfern geworden, Großbritannien drängte daher auf einen raschen Abzug, ein Teilungsplan der UNO sollte diesen friedlich gestalten.

Der Frieden hielt an diesem 14. Mai 1948 nur wenige Stunden. Schon in der Nacht griffen die arabischen Nachbarn, von Ägypten über Jordanien bis Syrien, den neu gegründeten Staat an. Es schien ein höchst ungleicher Kampf zu werden. Die Nachbarstaaten hatten ihre Armeen, Israel hatte fast keine Waffen, keine Panzer, keine Kanonen, keine Schiffe, keine Flugzeuge. Gerade mal 10.000 Gewehre besaß die Hagana, die damalige Untergrundarmee der Israeli, außerdem noch 1900 Maschinenpistolen. Zum Vergleich: In Bezug auf die automatischen Waffen entsprach diese Zahl der Bewaffnung von drei Infanterie-Bataillonen. Oder anders gesagt: der Waffenausstattung einer größeren österreichischen Kaserne.

Doch gegen alle Erwartungen hielt die israelische Verteidigung stand, sie konnte sogar in den Angriff übergehen. Als dieser Unabhängigkeitskrieg nach 15 Monaten endete, war Israel um 50 Prozent größer als es im UNO-Teilungsplan vorgesehen war. Die damals erreichten Grenzen stellen das heutige israelische Staatsgebiet da, bloß dass damals etwa 800.000 Menschen dort lebten. Heute sind es neun Millionen, und das auf einer Fläche, die nur unwesentlich größer ist als Niederösterreich.

Wer in diesem neuen Staat keinen Platz mehr fand, waren allerdings seine ursprünglichen Bewohner: Die Palästinenser wurden zur Absiedelung gedrängt, nur wenige widerstanden dem Druck. Hunderttausende wurden vertrieben, als *Nakba* – übersetzt „Katastrophe“ – ist diese Vertreibung bis heute ein Trauma vieler arabischer Familien. Oft wird der Schlüssel des Hauses, das man verlassen musste, als Erinnerung aufbewahrt.

Hier beginnt nun die Geschichte des Gazastreifens: Im Osmanischen Reich war Gaza eine Kleinstadt von 20.000 Einwohnern gewesen. 1948 kamen plötzlich 200.000 palästinensische Flüchtlinge dazu. Der Gazastreifen, ein Gebiet kleiner als Wien, wurde vom ländlichen Getreide- und Olivenanbaugebiet zum Flüchtlingslager. Erst stand er unter ägyptischer Kontrolle, nach dem Sechs-Tage-Krieg 1967 unter israelischer. 2005 zogen die Israeli ab, es kam zur Selbstverwaltung – allerdings in einem Gebiet, das von vielen als größtes Freiluftgefängnis der Welt bezeichnet wurde. Denn in Gaza übernahm 2006 die Hamas die Herrschaft. Diese radikal-islamistische Gruppe war aus der Muslimbrüderschaft hervorgegangen, die von Ägypten massiv bekämpft wurde. Die Grenze zu Ägypten im Süden wurde daher genauso streng kontrolliert wie die Grenzen zu Israel. Um Raketenangriffe hintanzuhalten, wurde eine zweieinhalb Kilometer breite Sperrzone eingerichtet. Gegen die Tunnel der Hamas baute man einen Grenzzaun und unterirdische Sperranlagen.

Aus- und damit im Gazastreifen eingesperrt wurden auch jene palästinensischen Arbeitskräfte, die in Israel eine Beschäftigung gefunden hatten. Die Bevölkerung des Gazastreifens war mittlerweile auf über zwei Millionen Menschen gewachsen – in den 80er- und 90er-Jahren des 20. Jahrhunderts hatte man hier die höchste Geburtenrate weltweit verzeichnet. Doch für die vielen jungen Menschen war es ein Aufwachsen ohne Perspektiven. Die Jugendarbeitslosigkeit lag 2017 bei rund 60 Prozent. Sieben von zehn Bewohnern des Gazastreifens waren zu diesem Zeitpunkt auf humanitäre Hilfe angewiesen. Und die Hamas hatte mittlerweile eine Diktatur errichtet, die den Hass auf Israel zu ihrem zentralen Glaubenssatz machte.

Auf Raketenangriffe der Hamas – bis zu 4000 im Jahr – folgten immer wieder Kommandoaktionen der israelischen Armee. Grenzschließungen behinderten über Jahre hinweg die Lieferung von Lebensmitteln und den Weg zur Arbeit für jene rund 140.000 Palästinenser, die bis dahin in Israel ihren Arbeitsplatz hatten.

Nach dem Terrorüberfall der Hamas am 7. Oktober 2023 begann die israelische Armee einen Gegenschlag. Zunächst wurden Strom, Wasser, Treibstofflieferungen gesperrt, dann kam der Einmarsch. Allein im ersten halben Jahr forderte dieser Einsatz mehr als 32.000 Todesopfer. Was kommt danach? Eine zukunftsträchtige Antwort darauf gibt es nicht, weder in der arabischen Welt noch in den Regierungskreisen Israels.

Türkei: stolzes Volk mit schwerer Geschichte

Sprach man in Europa vor 100, 150 Jahren von Istanbul und vom Osmanischen Reich, so war schnell das Bild vom „kranken Mann am Bosporus" da. Die Türkei war ein ehemaliges Weltreich im Untergang, eine Gesellschaft, der der Sprung in die Moderne einfach nicht gelingen wollte.

Ein, zwei Generationen später, vor 50, 60 Jahren, kamen vielen Österreichern oder Deutschen beim Begriff Türkei vor allem die Gastarbeiter in den Sinn. Und zwar jene Teile dieser industriellen Reservearmee, die in der Hackordnung der angeworbenen Kräfte ganz unten standen. Abgearbeitete Männer mit Schnauzbärten, Frauen mit Kopftüchern, in Quartieren daheim, für die sich keine einheimischen Mieter mehr fanden.

Vor zehn Jahren kam dann das große Erstaunen: Diese sonst doch so bescheidenen Zuwanderer wählten auch bei uns, in der Diaspora, einen, der so gar nicht den europäischen Vorstellungen von einem verantwortungsbewussten Staatsmann entsprach: Recep Tayyip Erdoğan, ein Islamist mit autoritären Anwandlungen, als Bündnispartner laut und unzuverlässig, in Wirtschaftsfragen planlos. So wurde die türkische Lira unter ihm zum Monopoly-Geld: 2004, kurz nach Beginn seiner Amtszeit, bekam man für einen Euro noch 1,7 türkische Lira. 2024 waren es bereits 35 Lira je Euro.

Und dennoch wählen jene Menschen aus der Türkei, die bei uns wirtschaftliche Sicherheit und Demokratie erleben können, mit großer Mehrheit den autoritären Präsidenten in Ankara. Denn er gibt ihnen etwas, was ihnen ihre Umwelt in Wien oder Berlin nicht zu geben bereit ist: Stolz. Stolz auf ihre Leistung, Stolz auf ihre Herkunft, Stolz auf die Türkei.

Die türkische Geschichte liefert dafür eigentlich reichhaltiges Material. Es ist keine 350 Jahre her, da stand ein osmanisches Heer vor Wien. Um ein Haar hätte diese Zweite Wiener Türkenbelagerung im Jahr 1683 mit einem Sieg der Truppen des Sultans geendet, wäre nicht im letzten Moment ein Entsatzheer unter Führung des polnischen Königs Johann III. Sobieski aufgetaucht. Die Wiener hätten andernfalls ebenso Kipferln zum Kaffee gegessen – beides Erbschaften der Türken –, sie hätten aber möglicherweise einen Fes dabei getragen. Budapest stand 150 Jahre unter osmanischer Herrschaft. Die Gül-Baba-Türbe unweit der Donau am Budapester Rosenhügel, das Grabmal eines türkischen Dichters, ist heute das nördlichste Heiligtum des Islam.

1683 reichte das Osmanische Reich also von knapp vor Wien bis zum Persischen Golf. Von Algerien und Tunesien bis nach Podolien – das ist ein Gebiet in der heutigen Ukraine, in der Nähe von Kiew. Auch Ägypten und Saudi-Arabien bis hinunter nach Mekka unterstanden dem Sultan in Istanbul. Vor 300 Jahren befehligte die „Hohe Pforte“, wie man die Residenz des Sultans in Konstantinopel nannte, ein wahres Weltreich. Die Erinnerung daran hat Erdoğan wiederbelebt, es war seine wichtigste Botschaft der letzten Jahre: Sei Türke und sei stolz darauf!

Im 13. Jahrhundert war der türkische Fürst Osman im heutigen Anatolien eingefallen. 1453 besiegten die Türken Byzanz, das Oströmische Kaiserreich, und eroberten Konstantinopel, das heutige Istanbul. Ein paar Jahrzehnte später umfasste ihr Reich den gesamten Balkan, bis sie 1529 das erste Mal vor Wien scheiterten. Nach der zweiten Niederlage 1683 setzte dann der Niedergang des Osmanischen Reiches ein: Ungarn und Siebenbürgen fielen an Österreich, Dalmatien und der Peloponnes an Venedig. Podolien und die Krim gingen an Russland, dann begann der Rückzug am Balkan, die Unabhängigkeit Griechenlands. Formal blieb Ägypten unter osmanischer Herrschaft, aber real regierte dort Großbritannien. Nach der Niederlage im Ersten Weltkrieg an der Seite Deutschlands und Österreichs war die Türkei dann auf die heutige Größe zusammengeschrumpft, ungefähr ein Zehntel der größten Ausdehnung des früheren Weltreiches. Und aus den stolzen osmanischen Kriegern wurden ein paar Jahrzehnte später die Gastarbeiter der europäischen Industrie, häufig als Menschen zweiter Klasse behandelt. Genau hier setzte Erdoğans Botschaft an: Ihr seid mehr wert, als eure Umgebung in euch sieht.

Die Zielländer dieses Gastarbeiter-Zuzugs waren Deutschland und Österreich, in geringerem Ausmaß auch die Niederlande und die Schweiz. Die Menschen wurden seit den 60er-Jahren mit sogenannten Anwerbeabkommen geholt, viele von ihnen haben heute die Staatsbürgerschaft ihrer neuen Heimat, aber immer noch eine emotionale Verankerung im ursprünglichen Herkunftsland. In Deutschland leben heute rund 3,5 bis 4 Millionen Menschen türkischer Abstammung, in Österreich sind es 350.00 bis 400.000. In beiden Fällen also vier bis fünf Prozent der Gesamtbevölkerung. Wobei in Österreich mittlerweile gut zwei Drittel dieser Menschen die österreichische Staatsbürgerschaft besitzen.

Die Statistik Austria hat eine Untersuchung über das Zugehörigkeitsgefühl dieser türkischstämmigen Österreicher durchgeführt. Das Ergebnis ist zwiespältig: Fast 70 Prozent fühlen sich immer noch emotional der Türkei zugehörig. Genauso viele sagen aber, sie sind auch hier in Österreich heimisch. Es gibt also eine große Schnittmenge, die sich in beiden Ländern daheim fühlt, aber auch viele, die überall ein wenig fremd sind. Das liegt wohl auch an der Mehrheitsbevölkerung: Zugehörig fühlt sich, wer sich willkommen fühlt, respektiert, anerkannt. Und daran können wir alle arbeiten.

Taiwan: der Tanz am Abgrund

Der Staat, um den es im Folgenden geht, ist keiner mit wirtschaftlichen Problemen. Im Gegenteil: Er ist einer der wohlhabendsten der Welt und auch der globale Wohlstand beruht zu einem guten Teil auf seiner Leistungsfähigkeit. Hat Taiwan Schwierigkeiten bei der Produktion von Mikrochips, dann leidet die Industrie weltweit. Die TSMC – oder *Taiwan Semiconductor Manufacturing Company*, also die Taiwanesische Halbleiter-Produktionsfirma – ist der weltweit größte Anbieter dieser zentralen Rechner-Bestandteile. Sie hält einen Marktanteil von 50 Prozent bei allen Mikrochips und von 90 Prozent bei den modernsten.

Und doch ist Taiwans Schicksal seit Jahrzehnten ein Tanz am Abgrund. Das beginnt schon damit, dass dieser Staat offiziell gar kein Staat sein darf – und zwar fast nirgendwo. Von den 193 UNO-Mitgliedern unterhalten gerade einmal elf diplomatische Beziehungen zu Taiwan. Der Vatikan macht das Dutzend voll, einige anderen Staaten haben „inoffizielle" Beziehungen. Österreich gehört zu dieser Gruppe, wie die anderen Staaten im Westen Europas oder die USA.

Aus der UNO ist Taiwan schon im Jahr 1971 ausgeschlossen worden. Der Druck des großen Nachbarn, der Volksrepublik China, war schon damals groß und wird immer noch größer. Chinas Staatschef Xi Jinping fordert in fast jeder Grundsatzrede die Eingliederung der „abtrünnigen Provinz", wie Taiwan in Peking bezeichnet wird. Notfalls auch mit militärischen Mitteln. Ein großer Krieg zeichnet sich ab, zwischen sehr unterschiedlichen Kriegsparteien. Man muss sich nur die Größenverhältnisse der beiden Länder ansehen: Taiwan ist in etwa so groß wie Niederösterreich und die Steiermark zusammen und hat rund 23 Millionen Einwohnern. Die Volksrepublik China hat mehr als 1,4 Milliarden Einwohner, das sind mehr als 60-mal so viele.

Historisch ist Taiwan das, was von der Republik China übrigblieb, als unmittelbar nach dem Zweiten Weltkrieg die sogenannten Nationalchinesen unter Chiang Kai-shek im Bürgerkrieg den Rotchinesen unter Mao Tse-tung unterlagen. Als Peking 1949 für die Nationalchinesen verloren war, blieb nur noch die Insel im Chinesischen Meer als Rückzugsort. Und das, obwohl die noch gar nicht so lange Teil Chinas war. Denn die chinesische Herrschaft über Taiwan reicht nur rund 200 Jahre zurück. Im Rahmen von mehreren Tausend Jahren chinesischer Geschichte ist das eine recht kurze Zeitspanne.

Das Kaiserreich China war stets ein riesiges Reich am Festland, aber die Chinesen waren keine große Seefahrernation. Taiwan besiedelten sie erst im 17. Jahrhundert, als die Insel zuerst eine portugiesische Kolonie mit dem Namen Formosa war und später eine holländische. Die Niederländer waren es, die dann Siedler vom Festland auf die Insel holten, chinesische Bauern sollten das Land urbar machen. Später, nach dem Abzug der Holländer, wurde die Insel eine chinesische Präfektur, doch der Anspruch Chinas blieb umstritten. Im 19. Jahrhundert versuchte sogar das Deutsche Kaiserreich, Taiwan als Kolonie zu erhalten, allerdings erfolglos. Frankreich dagegen besetzte zeitweise Teile der Insel. Und von 1895 bis 1945 war Taiwan eine japanische Kolonie.

Unter chinesischer Herrschaft stand Taiwan also immer nur kurz, die Bevölkerung jedoch war in den letzten 300 Jahren überwiegend chinesisch geworden. Die Nachfahren der ursprünglich indonesischen Ureinwohner machen heute nur knapp zwei Prozent der Bevölkerung aus.

Als sich die Truppen von General Chiang Kai-shek auf diese Insel weit vor der chinesischen Küste zurückzogen, kam es zu einem gewaltigen Bevölkerungswachstum. Wer immer vor den Kommunisten floh, kam nach Taiwan, insgesamt 1,2 Millionen Menschen – Soldaten, Wissenschaftler, Ingenieure. Dort bildeten diese Binnenflüchtlinge eine neue Führungsschicht – und sie brachten die bis dahin rückständige Insel gewaltig nach vorne: 1962 hatte Taiwan eine Wirtschaftsleistung pro Kopf, die jener des afrikanischen Kongo entsprach, das waren damals 170 Dollar pro Jahr. Seit 2011 liegt die Wirtschaftsleistung pro Kopf der Bevölkerung über dem Schnitt der EU, bei zuletzt 34.000 Dollar pro Jahr. Taiwan ist Weltmarktführer nicht nur bei Computerchips, sondern auch bei Laptops oder LCD-Flachbildschirmen.

Das ist ein Grund für Pekings Interesse an Taiwan – aber nicht der einzige. Europäer und US-Amerikaner neigen dazu, den Nationalstolz der Chinesen zu unterschätzen. China bezeichnet sich selbst als das Reich der Mitte – und schon dieses Bild zeigt, dass man sich eigentlich als Mittelpunkt der Welt sieht. Der chinesische Staatschef Xi Jinping gibt seit Jahren die Linie vor, dass China zurückgewinnen muss, was es im „Jahrhundert der Erniedrigung", wie er es bezeichnet, verloren hat. Also in jenen 100 Jahren zwischen den Opiumkriegen Englands ab 1839 – Großbritannien wollte sich die lukrative Opiumeinfuhr nach China nicht verbieten lassen – bis zur Besetzung Chinas durch Japan im Zweiten Weltkrieg.

Die Führung in Peking will also zurück zur Größe des alten China, zur Rolle als bestimmende Weltmacht. Es geht nicht nur um Ökonomie, sondern mindestens genau so sehr um Ideologie.

Für die Taiwanesen selbst ist die Ideologie-Frage aber längst entschieden. Sie sprechen zwar Chinesisch, sind auch zum überwiegenden Teil Han-Chinesen. Sie leben aber seit Jahrzehnten in einem der demokratischsten Staaten der Welt, mit allen Freiheiten. Und sie sind wohlhabend. Ihr Interesse an einer Eingliederung ins kommunistische China ist gering. Vor allem, seit sie gesehen haben, was mit Hongkong geschehen ist: Da wurde ursprünglich von Peking auch „ein Land, zwei Systeme" versprochen – und mittlerweile werden in Hongkong die Demokraten verfolgt und ins Gefängnis gesteckt.

Sollte China dennoch nach Taiwan greifen, könnte daraus ein gefährlicher Dominoeffekt entstehen. Die USA und Japan machen kein Geheimnis aus ihrer Unterstützung Taiwans. Recht bald könnten sich also zwei Atommächte kriegerisch gegenüberstehen. Dieser weltpolitische Abgrund verläuft entlang der knapp 200 Kilometer der Formosastraße des Chinesischen Meeres.

Der Plan des George C. Marshall oder: Wie doch wieder alles gut werden kann

Ukrainekrieg, Gazakonflikt, der Streit um Taiwan. Inflation, Lieferkettenprobleme, Protektionismus. Die Welt wirkt derzeit wie ein sehr ungemütlicher Ort, und da ist die ganz große Bedrohung durch den Klimawandel noch gar nicht miteinbezogen. Die Aufzählung von gefährdeten und gefallenen Staaten in diesem Kapitel trägt dieser Entwicklung Rechnung.

Doch es kann auch anders kommen. Österreich war selbst einmal am Weg zum *failed state*. Ein im Zweiten Weltkrieg zerstörtes Land mit 1,6 Millionen Flüchtlingen innerhalb der wieder errichteten Grenzen. Es war ein Land, das hungerte. 1945 waren es noch 1300 Kalorien gewesen, die jedem Bewohner täglich zur Verfügung standen, 1946 nur mehr 950. Die Landwirtschaft erbrachte gerade einmal die Hälfte der Vorkriegserträge. Und Industrie gab es de facto nicht mehr. Wie sollte die Welt nun mit diesem Land umgehen, das vor Kurzem noch als Teil von Nazi-Deutschland auf der gegnerischen Seite gestanden war? Mit einem Land, dessen Verstrickung in die Schuld erst nach der Niederlage und der Befreiung der Konzentrationslager so richtig zutage getreten war?

Es gab damals in Washington zwei Denkschulen, wie man mit den Besiegten in Deutschland und Österreich umgehen sollte. Die eine Variante war der Morgenthau-Plan des damaligen US-Finanzministers Henry Morgenthau. Er sah eine Umwandlung Deutschlands in mehrere kleine Agrarstaaten vor. Industrie sollte es auf deutschem Boden keine mehr geben, und die Restriktionen sollten so weit gehen, dass Deutschen selbst das Tragen von Uniformen untersagt sein sollte, bis hin zum Verbot, Flugzeuge zu pilotieren.

Die andere Denkschule folgte dem Plan des US-Außenministers George C. Marshall. Er sah für alle europäischen Staaten massive Wirtschaftshilfen zum Wiederaufbau der Industrie vor, und zwar auch für Deutschland und Österreich. Zum Glück hat sich der Marshallplan durchgesetzt, vor allem für Österreich. Denn unser Land profitierte weit überdurchschnittlich von ihm. Der Grund war allerdings nicht nur ein humanitärer, sondern auch ein geopolitischer.

Waren die Westmächte und die Sowjetunion 1945 noch Verbündete gewesen, so war spätestens in den Jahren nach 1948 ein neuer „Kalter Krieg“ zwischen West und Ost entstanden. Stalin brachte in den Jahren nach Kriegsende in ganz Osteuropa kommunistische Regimes an die Macht, während die USA die immer noch demokratischen Staaten des Westens stabilisieren wollten – da gehörten eben auch West-Deutschland und Österreich dazu.

Österreich war die Rolle einer Propagandabühne für diese Wirtschaftshilfe zugedacht. Denn ursprünglich waren die Milliarden aus dem Marshallplan auch den Staaten im Osten Europas angeboten worden. Stalin hatte aber seinen Vasallenstaaten und auch dem von ihm kontrollierten Ostdeutschland die Annahme dieser Wirtschaftshilfen untersagt. Das einzige Land, das von Ost und West besetzt war und dennoch Hilfe annahm – und bekam –, war Österreich. Darum waren diese Mittel umgerechnet auf die Bevölkerung bei uns auch fast viermal so hoch wie in Deutschland: Nach heutigem Kaufwert waren es Milliardenkredite für die Industrie. Diese Gelder, die damals in Österreichs Wiederaufbau investiert wurden, kamen zu einem Drittel bis einem Viertel aus dem Marshallplan. Österreich erhielt diese Mittel im Gegensatz zu anderen Ländern auch nicht als Darlehen, sondern zur Gänze geschenkt.

Dazu kamen Warenlieferungen aus den USA, von Konsumgütern bis Maschinen. Von allen Gütern, die etwa im Jahr 1949 nach Österreich geliefert wurden, stammten 30 Prozent aus den Vereinigten Staaten. Das Wirtschaftswunder der 50er-Jahre kam also zu guten Teilen über den Atlantik. Österreich hätte den raschen Wiederaufbau ohne die Dollarmilliarden nicht geschafft.

Die großzügige Hilfe hat sich für die USA auch ausgezahlt. Bei aller gelegentlich aufflackernden Amerika-Kritik sind Österreich und Deutschland geistig fest im Westen und in der Demokratie verankert. Das Image der USA war vor allem in den 50er-Jahren überwiegend positiv, seither schwankt es zwar ein wenig, abhängig vom amtierenden US-Präsidenten. Aber dass der Wohlstand und die Freiheit nach 1945 auch der Hilfe des ehemaligen Gegners zu verdanken sind, ist immer noch den meisten Menschen bewusst.

Diese Hilfe dauert auch immer noch an. Der Marshallplan lief zwar offiziell nur bis zum Jahr 1953, aber Washington stellte die Mittel, die bis dahin nicht aufgebraucht waren, weiterhin Österreich zur Verfügung. Den Fonds, der aus diesen Geldern gespeist wurde, gibt es bis heute. Immer noch kommen aus diesen ursprünglichen Marshallplan-Geldern jedes Jahr rund eine halbe Milliarde Euro an Förderungen der österreichischen Wirtschaft zugute. Es ist das Ergebnis einer vorausschauenden Politik, die heute manchmal schmerzhaft fehlt. Es wirkt manchmal, als seien Rache und Vergeltung zu maßgeblichen politischen Faktoren geworden.

Es wird auch bei den meisten aktuellen Konfliktherden nur auf das Ergebnis der Kampfhandlungen geblickt und nicht auf die Zeit danach. Wie immer der Ukrainekrieg ausgeht, es muss zwischen Kiew und Moskau wieder eine lebbare Nachbarschaft entstehen. Europa muss wieder mit Russland ins Gespräch kommen. Der Westen und China dürfen in keinen Krieg verwickelt werden, auch nicht in einen Handelskrieg. Nur dann gilt die eingangs dieses Kapitels formulierte These, dass die Welt in – historisch betrachtet – glücklichen Zeiten lebt.

Es braucht dazu nicht die Fixierung aufs Hier und Jetzt, sondern auch die Gedanken ans Morgen und ans Übermorgen. Wie können wir friedlich zusammenleben? Wie können wir einander nützen, einander fördern? Wie können wir wieder Freunde sein?

Und wenn beim Gazakonflikt nur die Freilassung der Geiseln und die Zerstörung der Hamas diskutiert wird und nicht die Frage, wie es mit den zwei Millionen Menschen im Gazastreifen danach weitergeht – oder den sieben Millionen Palästinenserinnen und Palästinensern, die immer noch in Flüchtlingslagern rund um Israel leben –, dann fehlt Entscheidendes.

KAPITEL 7:

VON BERÜHMTHEITEN UND BÖSEWICHTERN

Dieses Buch ist auch ein Versuch, die früher oft übliche Konzentration der Geschichtsschreibung auf große Kriege und große Männer infrage zu stellen. Geschichte ist, was wir alle erleben, was wir alle gestalten, das tägliche Leben und seine Rahmenbedingungen. Und trotzdem wird im nun folgenden Kapitel mit diesem Prinzip gebrochen.

Denn natürlich gibt es auch den subjektiven Faktor in der Geschichte. Die einzelne Person, die einzelne Tat, die für weitreichende Veränderungen verantwortlich ist. Die Frage ist aber: Wie weit prägt der einzelne Mensch seine Zeit – und in welchem Ausmaß ist er selbst ihr Produkt? Gestaltet der Tyrann seine Epoche, oder schafft die Epoche ihre Tyrannen?

Es geht auf den nächsten Seiten um Bösewichter und Berühmtheiten. Was diese Bösewichter eint, ist die Tatsache, dass sie ursprünglich wohl Gutes wollten. Es handelt sich nicht, wie im Comic-Universum, um „Superschurken", die einfach nur aufs Zerstören und Vernichten aus sind. Wer auch immer in den letzten Jahrhunderten im Terror und in Vernichtungslagern geendet ist, bei seinem Aufbruch trug er stets Heilsversprechen mit sich. Lösungen und Losungen, die sich bei vielen verfingen, eben weil sie zum Geist der jeweiligen Gegenwart passten.

Die großen Verbrecher der Menschheitsgeschichte waren Kinder ihrer Zeit. Stalin wurde aus dem Priesterseminar ausgeschlossen, weil er angesichts des weitverbreiteten Elends zum Kämpfer gegen die zaristische Unterdrückung geworden war. Mussolini war Lehrer und später Chefredakteur des sozialistischen Zentralorgans *Avanti*, bevor er den Faschismus ins Leben rief. Adolf Hitler litt als Schulversager unterm strengen Vater, der als uneheliches Keuschler-Kind einen beruflichen Aufstieg bis zum oberen Beamten beim Zoll geschafft hatte. Nach dessen frühem Tod wurde Hitler die „Deutsche Nation" zum Leitstern, ein größeres Ganzes, ein hehres Ziel. Die eigene Jugend musste Hitler nach allen Regeln bürgerlichen Erfolgs ja als gescheitert ansehen.

Der Aufenthalt von Hitler im Männerwohnheim Meldemannstraße in Wien wird stets als Illustration des gesellschaftlichen Tiefpunkts angesehen: die akademische Laufbahn und das Künstlertum gescheitert, Erbschaft und Rente aufgebraucht. Der Stolz auf Nation und Rasse allein gaben ihm noch Selbstwert.

Doch schon lange vor dieser Wiener Szenerie war Adolf Hitler ein Geschlagener. Ich bin im oberösterreichischen Wels aufgewachsen, im Nachbarort Lambach hat Adolf Hitler eine Zeitlang die Volksschule besucht. Der Großonkel eines meiner Welser Freunde ging mit Hitler in die Klasse. Im hohen Alter erzählte er gerne, wie sehr er und seine Klassenkameraden den neu zugezogenen Außenseiter bedrängt und verprügelt hätten. Hitler war damals das, was man heute ein „Opfer" nennt. Ich gehe übrigens davon aus, dass der Großonkel diese Geschichte erst nach 1945 mit großer Heiterkeit weitererzählt hat.

Eine Jugend im Umherziehen, unter der ständigen Bedrohung durch den strengen, gefühlsarmen Vater Alois, ein ökonomischer Absturz nach dessen Tod, das Scheitern in Wien und die „Errettung" durch den ausbrechenden Ersten Weltkrieg und den Eintritt in die deutsche Armee in München. All das sind prägende Elemente im Werden Adolf Hitlers, lange bevor die Nazizeit begann. Nichts von dem erklärt oder entschuldigt gar Krieg, KZs und die Shoah. Aber wohin die Welt sich gewandt hätte, wenn Alois Hitler das Rauschergut in Fischlham – seinen Traum vom Leben als Gutsbesitzer – nicht 1897 wieder unter Verlusten verkaufen hätte müssen, darf man sich kurz überlegen. Wäre der damals achtjährige Adolf ein oberösterreichischer Großbauer geworden statt Führer und Reichskanzler des „Dritten Reiches"?

Die Fragen nach dem „Was wäre, wenn" haben nicht nur im Leben, sondern auch in der Geschichte keine Bedeutung. Bedeutend sind aber gesellschaftliche Rahmenbedingungen, Herkunft, familiäre Ausgangsposition. Soziale Lage und Entwicklungschancen. Bildungsmöglichkeiten, ökonomische Absicherung. Der Zeitgeist.

Lebt man in den Umbrüchen nach einem gerade zu Ende gegangenen Krieg, wie Mussolini? Vielleicht gar in einem Land, dem von den siegreichen Kriegsparteien die fast alleinige Schuld an diesem Krieg zugeschrieben wurde, samt Verpflichtung zu „Reparationszahlungen“, wie im Fall von Deutschland und wie bei Hitler? Oder wird in der eigenen Heimat das Unterdrückungsregime des Zaren gerade durch die Diktatur der einen, der eigenen Partei abgelöst, wie bei Stalin? In allen drei Fällen bildet sich die Zukunft als Produkt von gesellschaftlicher Bereitschaft und persönlichem Zugriff heraus. Diesem subjektiven Faktor in der Geschichte widmen sich die nun folgenden Beispiele.

Stalin – der Diktator aus dem Priesterseminar

Iossip Bessarionis Dschugaschwilli kommt am 18. Dezember 1878 in Gori in Georgien zur Welt, damals Teil des russischen Zarenreichs. Gori ist eine Kleinstadt, der Vater betreibt eine Schuhmacherwerkstatt, zeitweise recht erfolgreich, mit bis zu zehn Mitarbeitern. Die Dschugaschwillis gehören zum Mittelstand. Allerdings nicht lange – Vater Bessarion Dschugaschwilli verfällt dem Alkohol, wird gewalttätig, die Frau lässt sich scheiden. Den einzigen Sohn schickt sie in ein Priesterseminar.

Dieses wird für den jungen Dschugaschwilli zu einer Schule der Revolution. Die Seminaristen stehen in Opposition zum Zarismus, er selbst nimmt Kontakte zu geheimen sozialistischen Kreisen auf. Als das bekannt wird, wird er zwar aus dem Seminar ausgeschlossen, dennoch erhält er ein Abgangszeugnis mit guten Noten.

Statt Pope wird sein Beruf nun Revolutionär: Er organisiert Streiks und bald darauf einen Überfall, der symptomatisch wird für seine Karriere – für die Karriere des Mannes, der sich später *Stalin* nennen wird, der Stählerne. Er befehligt im April 1902 den

Überfall auf einen Geldtransport in der georgischen Hafenstadt Batumi. Der verläuft extrem gewalttätig, mit Schusswaffen und Granaten. Stalin und seine Leute erbeuten, auf heutigen Wert umgerechnet, mehr als 4 Millionen Euro. Allerdings sterben durch das brutale Vorgehen laut den Angaben der zaristischen Geheimpolizei auch mehr als 40 Personen bei dieser Attacke. Die Rücksichtslosigkeit des jungen Mannes zeigt sich früh.

So beginnt ein Leben, das zwischen Festnahmen, Verbannung und Flucht pendelt. Und immer wieder kommen neue Überfälle dazu, es ist ein Terroristenleben im Untergrund, würde man heute sagen. Die Parteiführung in Moskau wird auf den skrupellosen Agitator aufmerksam, Lenin macht ihn 1912 zum Mitglied des Zentralkomitees der Bolschewiki und entsendet ihn nach Wien, um dort den Umgang der Donaumonarchie mit den dort lebenden Nationen zu studieren.

Nach der russischen Oktoberrevolution von 1917 ernennt ihn Lenin zum Volkskommissar für Nationalitätenfragen, das entspricht aus heutiger Sicht einem Ministeramt. Aber schon bald warnt Lenin vor ihm: In seinem sogenannten politischen Testament, das er schwer erkrankt im März 1923 schreibt, fordert er seine Genossen dazu auf, Stalin als Generalsekretär der KP, diese Funktion nimmt er inzwischen ein, abzulösen. Doch Lenin sieht das als Fehler: Stalin sei zu grob, zu launenhaft, nicht tolerant und nicht loyal.

Die führenden Kader der Kommunistischen Partei der neu gegründeten Sowjetunion schrecken davor zurück – und werden selbst in den kommenden Jahren zum großen Teil von Stalin beseitigt. Erst sind seine alten Kampfgefährten aus der Zarenzeit seine Opfer, dann seine politischen Konkurrenten wie Trotzki, den er bei seinem Wienaufenthalt im Jahr 1913 kennengelernt hatte. 1925 verliert Trotzki sein Amt als Chef der Roten Armee, 1928 muss er in die Verbannung nach Kasachstan und ein Jahr später die Sowjetunion verlassen, ins Exil, wo ihn Stalin 1940 ermorden lässt.

Ein Schicksal, das zu dieser Zeit schon beinahe alle alten Kommunisten getroffen hat. Bei den Wahlen auf einem im Nachhinein berühmten Parteitag der KPdSU im Jahr 1934 schneidet Stalin erstaunlich schlecht ab. Die Folge dieser als Schmach empfundenen Niederlage ist tödlich: Von den 1225 Delegierten des Parteitages werden in den nächsten Jahren mehr als 1100 verhaftet, zwei Drittel von ihnen werden exekutiert. Von den 139 Mitgliedern des damaligen Zentralkomitees der KPdSU werden 98 nach Schauprozessen hingerichtet. Nur zehn ZK-Mitglieder der 20er- und 30er-Jahre haben Stalin überlebt. Insgesamt geht man von etwa 750.000 Exekutionen vor allem unter Parteimitgliedern in dieser Zeit der sogenannten „Säuberungen" aus.

Doch nicht nur KP-Mitgliedern ging es in diesen Jahren schlecht, sondern der ganzen Bevölkerung. Lenin und Trotzki wollten nach den schlechten Erfahrungen der ersten Revolutionsjahre die Wirtschaft, vor allem die Landwirtschaft, liberalisieren. Diese „Neue ökonomische Politik" sah auch die Wiedereinführung von Privateigentum vor, der Staat sollte nur noch die Schlüsselindustrien kontrollieren. Stalin setzte dagegen nach seiner Machtergreifung innerhalb der KP auf die Zwangskollektivierung im Agrarbereich. Reichere Bauern, die sogenannten Kulaken, wurden deportiert und getötet. Die Folge waren schwere Hungersnöte: Alleine in der Ukraine starben in der 30er-Jahren zwischen fünf und sieben Millionen Menschen an Hunger.

Stabilisiert wurde diese am Rande des Terrors dahinschlingernde Diktatur dann ausgerechnet vom Krieg. Erst schloss Stalin mit Hitler einen Pakt zur Aufteilung Polens, zweieinhalb Jahre später war die Sowjetunion selbst Angriffsziel der Deutschen. Hitler überfiel den bisherigen Verbündeten, vorrangig um einen Zugang zu den kaukasischen und persischen Ölfeldern und zur ukrainischen Kornkammer zu erhalten.

Es folgte das, was in Russland heute noch der „Große Vaterländische Krieg" heißt: Stalin ließ sich nach dem deutschen Überfall zum „Generalissimus“ ernennen, zum Oberbefehlshaber der Roten Armee. Seine Form der Kriegsführung waren dauernde, rollende Angriffe der Infanterie, eine Taktik, die sich heute unter Putin im Ukrainekrieg wiederholt. Sie führte damals dazu, dass mehr als 11 Millionen sowjetische Soldaten im Zweiten Weltkrieg starben. Zum Vergleich: Die Deutsche Wehrmacht verlor an der Ostfront 2,7 Millionen Soldaten, also etwa ein Viertel der sowjetischen Verluste. Mit diesem gigantischen Blutzoll gelang Stalin der Aufstieg der Sowjetunion zur Weltmacht, und das ist wohl das, was Putin heute wiederholen will.

Gestorben ist Jossip Bessarionis Dschugaschwilli, genannt Josef Stalin, am 5. März 1953 im Alter von 74 Jahren – und zwar alleine. Er hatte nach einem Trinkgelage nachts einen Schlaganfall erlitten. Es wagte sich am nächsten Morgen aber niemand in sein Zimmer, als die Tür geschlossen blieb. Stalin hatte in den Wochen davor eine imaginäre „Ärzteverschwörung“ untersuchen lassen; er war der Überzeugung, Mediziner würden ihm nach dem Leben trachten. Die Personen vor Stalins Schlafzimmertür hatten nun Angst, dass man ihnen einen Anschlag unterstellen würde. Erst nach fast einem Tag wurde die Tür geöffnet, in Anwesenheit von Mitgliedern des Politbüros. Man fand den Diktator noch bei Bewusstsein, durch das lange Zuwarten war es aber zu spät: Stalin starb rasch.

Doch auch nach seinem Tod hat er noch Menschenleben mit sich gerissen: Bei den Trauerfeierlichkeiten am Roten Platz im Moskau sind im Gedränge rund 500 Menschen erdrückt und zu Tode getrampelt worden.

Mussolini – vom Sozialisten zum Gründer des Faschismus

Das Revolutionäre war Mussolini schon in die Wiege gelegt: Benito hieß er nach dem mexikanischen Präsidenten Benito Juárez – jenem Mann, der persönlich die standrechtliche Erschießung des mexikanischen Kaisers Maximilian, des Bruders von Kaiser Franz Joseph, überwacht hatte. Den Namen gegeben hatte ihm sein Vater Alessandro Mussolini, Dorfschmied und überzeugter Sozialist.

Auch die politische Laufbahn des Sohnes begann weit links außen: Schon mit 17 trat er der sozialistischen Partei Italiens bei, ein Jahr später hatte er eine Lehrerausbildung abgeschlossen, entzog sich der Einberufung zum Wehrdienst und emigrierte in die Schweiz. Als „anarchistischer Agitator" wurde er mehrmals festgenommen, 1904 ging es für ihn dann doch zurück nach Italien und zum Militär. Danach wurde er Lehrer, Parteisekretär, schließlich Journalist, und zwar ein überaus begabter. Beim Kriegsausbruch 1914 war er Chefredakteur der sozialistischen Parteizeitung *Avanti* und Mitglied des Parteivorstandes der PSI. Doch der Krieg änderte seine politische Heimat. Seine Begeisterung für den Militarismus befremdete rasch die Genossen, es kam zum Bruch.

Gleich nach dem Krieg gründete er seine eigene politische Bewegung: Die *Partito Nazionale Fascista*, die Nationale Faschistische Partei. Den Begriff nahm er von den *Fasces*, den Rutenbündeln, die einst das Machtsymbol römischer Konsuln und Diktatoren gewesen waren. Der historische Bezug stellte gleich klar: Mussolini zielte hoch hinaus, in Richtung Römisches Weltreich.

Doch zunächst wollten nur wenige etwas davon wissen. Gleich nach dem Krieg war man auch in Italien kriegsmüde; politisch ging es nach links, und Mussolini und seine Faschisten blieben zunächst eine Randerscheinung. Doch nachdem die demokratischen Parteien die auf den Krieg folgende Wirtschaftskrise nicht in den Griff bekamen, wurden die Rechtsextremen immer stärker.

Zunächst aber nicht im Parlament, sondern auf der Straße: Es kam immer wieder zu heftigen Straßenkämpfen mit vielen Toten. Mussolini wurde damals von der Industrie finanziert, der Fiat-Konzern war unter seinen Geldgebern, der französische Geheimdienst zahlte auch. Alles, was gegen links ging, war vor allem Unternehmern hoch willkommen.

Die entscheidende Wende im Siegeszug von Mussolini geschah Ende Oktober 1922. Es kam nach einer Regierungskrise, einem gescheiterten Generalstreik und einer Spaltung der linken Parteien zum „Marsch auf Rom“: Mussolinis in schwarze Hemden gekleidete Faschisten zogen aus Norditalien in die Hauptstadt. Weil es in Strömen regnete, nahmen zwar nur rund 5000 Anhänger daran teil und Mussolini selbst blieb in Mailand zurück – und im Trockenen. Der damalige italienische König Viktor Emmanuel bestellte ihn dennoch zu sich und machte ihn zum neuen Ministerpräsidenten. Und nur drei Wochen später erhielt Mussolini diktatorische Vollmachten. Er wurde zum *Duce*.

Mussolini war rasch erfolgreich, durch seine „Politik der starken Hand“. Wegen Gewalttaten verurteilte Faschisten wurde amnestiert, das Parlament wurde „beurlaubt“, eine neue Wahl wurde angesetzt, mit Fälschungen und Schlägertrupps. Mussolini hätte diese Wahl wohl auch ohne Betrug und Gewalt gewonnen, aber mit diesen Methoden erreichte er zwei Drittel der Stimmen. Die Entfesselung der Gewalt hatte jedoch dramatische Folgen: Giacomo Matteotti, ein sozialistischer Abgeordneter, der die Wahlfarce im Parlament scharf kritisiert hatte, wurde von Mussolinis Anhängern erstochen. Die landesweite Empörung über diesen Mord brachte das Regime zum Wanken, aber nur für kurze Zeit.

Erfolgreich war Mussolini, weil er als Erster erkannt hatte, dass es vielen in der Politik nicht um Visionen geht, sondern um Ängste. Sein Faschismus schritt den Massen nicht mit einem klar formulierten Ziel voran, wie es etwa die Sozialisten oder Kommunisten taten. Mussolini nahm dagegen vor allem darauf Bedacht, was die Menschen am meisten störte, wovor sie am meisten Angst hatten. Er hörte genau hin, welche Gruppen die größten Feindbilder der Bevölkerung waren. Und auf die ging er dann los. Mussolini marschierte sozusagen hinter den Leuten, nicht vor ihnen.

Dieses Modell einer mit dem Kapitalismus kompatiblen revolutionären Bewegung, die die Unzufriedenheit nach außen ablenkte und nicht auf Ungleichheiten und Ungerechtigkeiten im eigenen Land abzielte, war rasch auch in anderen Ländern erfolgreich.

Auch die Methoden des erfolgreichen italienischen Faschismus inspirierten manche. So plante Hitler einen Marsch auf Berlin. 1923 war er damit gescheitert, zehn Jahre später, 1933, gelang es ihm sozusagen auf legalem Weg, über Reichstagswahlen an die Macht zu kommen. In Österreich wurden Dollfuß und später auch Schuschnigg von Mussolini inspiriert und unterstützt. Die Heimwehren, die christlich-sozialen Parteiarmeen, waren offen faschistisch. Faschistische Systeme entwickelten sich in den 30er- und 40er-Jahren auch in vielen anderen europäischen Staaten, von Spanien und Portugal bis Ungarn. Ihnen allen gemein waren eine spezielle Symbolik, Uniformen, bestimmte Grüße, ein totalitäres Einparteiensystem, die Schaffung von Feindbildern und die versprochene „Endlösung".

Italiens Faschismus folgte innenpolitisch den Wünschen der Geldgeber aus der Industrie: Staatsbetriebe wurden privatisiert, die Artbeitslosenunterstützung wurde zurückgeschraubt, der Achtstundentag wieder abgeschafft, Gewerkschaften aufgelöst. Außenpolitisch ging es an die Schaffung und Sicherung eines Kolonialreiches in Nordafrika, in Äthiopien; Korfu wurde besetzt, Fiume – das heute kroatische Rijeka – annektiert.

Das Verhältnis zwischen dem faschistischen Italien und dem nationalsozialistischen Deutschland war zunächst schwierig: Man stand auf entgegengesetzten Seiten, etwa wenn es um die Frage ging, was mit Österreich passieren sollte: „Heim ins Reich", wie es die Nazis forderten – oder eigenständiger faschistischer Staat unter Mussolinis Schutz. Die schwierige militärische Situation Italiens im Äthiopienkrieg führte zu einer Annäherung an Hitler, Österreichs Eigenständigkeit wurde zu einem frühen Opfer. Rom und Berlin schmiedeten eine politische Achse. An Hitlers Krieg gegen Polen nahm Mussolini jedoch nicht teil. Erst im Juni 1940 kam es zu einer Kriegserklärung; es sollte ein Eingreifen in den mittlerweile weltweiten Konflikt werden, „nicht mit Deutschland, sondern neben Deutschland", wie Mussolini betonte. Ein italienischer Angriff auf Griechenland und der Zusammenbruch der italienischen Armee in Libyen ließen diese Fiktion einer eigenständigen Kriegsführung aber rasch zusammenbrechen. Italiens Einheiten wurden Hilfstruppen der Deutschen, unter zum Teil enormen Verlusten. So fielen alleine bei der Schlacht um Stalingrad rund 100.000 Italiener.

Mussolinis totalitärer Staat, den er angesichts des Krieges propagiert hatte, versagte. Vor einem Eingriff in die Großindustrie, um sie auf Kriegswirtschaft umzustellen, schreckte er zurück. Italien produzierte die wenigsten Kriegsgüter der involvierten Nationen, das Transportwesen brach zusammen, die Landwirtschaftsprodukte verschwanden zu zwei Dritteln auf Schwarzmärkten. Die Lebensmittelversorgung der Bevölkerung in den Jahren 1941 bis 1943 entsprach jener im besetzten Polen. Mussolinis Faschisten erwiesen sich als unfähig und korrupt, das Land befand sich in militärischer und politischer Agonie. Der Duce selbst wurde von Depressionen und einem Magengeschwür heimgesucht, verbrachte 1943 Monate im Bett.

Im Juli 1943 begann die alliierte Invasion Siziliens, ein mittlerweile völlig apathischer Mussolini wurde am 25. Juli 1943 vom italienischen König als abgesetzt erklärt und festgenommen. Sieben Wochen später wurde er durch eine Kommandoaktion deutscher Fallschirmjäger befreit und noch einmal als Staatschef eingesetzt – diesmal als Führer der Sozialen Republik Italiens RSI in Norditalien. Es war ein Marionettenstaat der Deutschen,

Mussolini bezeichnete sich selbst ironisch als „Bürgermeister von Gargagno“, nach seinem Amtssitz am Gardasee.

Nach der Niederlage Nazideutschlands wurde Mussolini wieder festgenommen – auf der Flucht, als deutscher Flak-Soldat verkleidet – und am nächsten Tag, dem 28. April 1945, erschossen. Seine Leiche und die seiner Geliebten Clara Petacci wurden nach Mailand gebracht und dort kopfüber am Dach einer Tankstelle aufgehängt.

Ein schauriges Ende für den Duce, aber keines für seine faschistische Bewegung. Nach der *Repubblica Sociale Italiana*, Mussolinis „Sozialer Republik“, benannte sich das *Movimento Sociale Italiano*, das MSI, die neofaschistische Nachfolgepartei. Aus ihr gingen später die *Fratelli d'Italia* hervor, die Partei der heutigen italienischen Ministerpräsidentin Giorgia Meloni.

Italien ist heute eine Demokratie, und nichts deutet auf einen Putsch hin. Aber dass in der Regierung Meloni schon nach wenigen Monaten zwei Mitglieder dadurch auffielen, dass sie früher in Naziuniformen posiert hatten, wirkt schon bedenklich.

Napoleon – Kaiser aus eigener Kraft

Aus kleinen Verhältnissen ganz an die Spitze gelangen, dabei all seine Ideale verraten und zum Despoten werden, den Tod von fast zwei Millionen Menschen verantworten und schließlich in eine legendäre Niederlage geraten – und immer noch ein Held und Idol zu bleiben, das ist nur einem Menschen gelungen: Napoleon Bonaparte.

Ein Kaiser der Franzosen, der erst in der Schule Französisch gelernt hat. Der trotz Waterloo und Tod in der Verbannung den prominentesten Platz in der zentralen Gedenkstätte der Nation einnimmt. Und die einzige heute noch regierende Dynastie, die zumindest mittelbar auf ihn zurückgeht, ist das schwedische Königshaus. Napoleons Leben und Wirken bleibt voller Widersprüche.

Geboren wurde er am 15. August 1769 als Napoleone Buonaparte im korsischen Ajaccio. Sein Vater war ein korsischer Widerstandskämpfer, der sich erst zweieinhalb Monate vor der Geburt seines Sohnes mit seiner Partisanentruppe dem französischen Heer ergeben hatte – als letzte Einheit des damaligen korsischen Aufstands. So wuchs Napoleon als Sohn eines Volkshelden auf – und auf Korsisch, einem italienischen Dialekt. So richtig gut Französisch lernte er erst auf der Oberschule und später auf der Militärschule in Brienne, knapp 200 Kilometer östlich von Paris.

Die Offizierslaufbahn wurde zu seinem Einstieg in eine Karriere mit gläserner Decke. Militärische Kommandos waren Angehörigen des höheren Adels vorbehalten. Napoleons Vater hatte zwar die Anerkennung des ursprünglich genuesischen Adelsprädikats erreicht – man nannte sich „di Buonaparte". Für den Aufstieg in der französischen Klassengesellschaft war das aber zu wenig.

Doch dann kam die Französische Revolution. Ludwig XVI. wurde gestürzt, später auch hingerichtet. Der kleine korsische Leutnant Napoleon Buonaparte, nunmehr ohne „di" als Adelstitel, ergriff seine Chance. Er deklarierte sich als Republikaner, trat dem Jakobiner-Klub bei und machte rasch Karriere, auch wegen hervorragender militärischer Talente: Als die südfranzösische Hafenstadt Toulon von den Briten besetzt wurde, belagerten republikanische Truppen lange vergebens die Stadt. Der junge Napoleon, erst 24 Jahre alt und ein strammer Jakobiner, wurde zum Kommandeur der Artillerietruppen ernannt. Sein waghalsiger Sturmangriff gelang, zum Dank ernannte ihn die Republik zum Brigadegeneral, nur zwei Jahre nach seiner Ausmusterung als Leutnant.

Ein militärisches Genie, dieser Ruf eilte ihm nun voraus. Und er tat alles, um ihn zu festigen. Der Sturz der revolutionären Jakobiner konnte ihn nur kurz bremsen. Paris hatte Bedarf an fähigen Soldaten, dass seine erste Frau Joséphine de Beauharnais in der ganzen Stadt exzellent vernetzt war, half ebenfalls. Napoleon erhielt das Kommando für den Italienfeldzug. Dort kämpften die verbündeten Monarchien gegen die französische Republik. Um klarzumachen, auf welcher Seite er stand, ließ er das Italienische Buonaparte ins etwas französischer klingende Bonaparte umschreiben.

Bei diesem ersten „Koalitionskrieg“ zeigte sich, dass die neue französische Volksarmee, bei der Führungsfunktionen nach Fähigkeit vergeben wurden, wesentlich schlagkräftiger war als die aristokratisch geführten Heere der Gegner der Republik. Napoleon gewann mit halb so vielen Soldaten gegen Österreicher und Piemontesen. Und weil es am Schlachtfeld gerade so gut lief, ließ er sich gleich mit einem Ägyptenfeldzug beauftragen. Auch hier gelang der Sieg rasch, nach Paris entsandte Kriegsbeute ließ seinen Ruf daheim noch einmal steigen. Dort war die Revolution mittlerweile im Fraktionskampf angelangt, und der siegreiche Heerführer sah seine Chance als Volkstribun: Nach einem Staatsstreich gegen das bis dahin herrschende Direktorium wurde der General zum Konsul der neuen Regierung ernannt. Und ein paar Wochen später, nachdem er sich seiner Mitverschwörer entledigt hatte, als „Erster Konsul“ zum Alleinherrscher.

Dieser Schritt an die Spitze geschah noch formal per Wahl. Der nächste erfolgte schon aus eigener Macht: Am 2. Dezember 1804 krönt Napoleon sich in der Kathedrale Notre Dame selbst zum Kaiser der Franzosen. Der Habsburger Franz hatte sich vier Monate davor in Wien zum Kaiser von Österreich krönen lassen, dieser Schritt erforderte eine Reaktion. Denn Frankreich hatte sich unter Napoleon zum mächtigsten Staat Europas gewandelt. In mehreren Kriegen hatten die benachbarten Monarchien zwar versucht, die revolutionäre Bedrohung niederzuringen – doch vergeblich. In jedem Feldzug war am Ende Napoleon obenauf. Im November 1805 zog die französische Armee sogar kampflos in Wien ein, eine Schmach für die so selbstbewussten Habsburger.

Napoleon konnte mit ihnen auch in dynastischem Denken mithalten. Die Länder, die er eroberte, wurden in der Familie verteilt. Sein Bruder Joseph wurde erst König von Neapel und dann König von Spanien. Bruder Louis wurde König von Holland, Bruder Jérôme König von Westphalen, die Schwester Elisa Großherzogin der Toskana. Auch jene alten Kameraden aus der Revolutionszeit, die es geschafft hatten, sich nicht mit Napoleon zu überwerfen, erhielten Herzogs- oder Grafentitel, es entstand ein napoleonischer Adel, der sich nach seinem Sturz mit dem alten bourbonischen stritt, denn manche Herzogtitel gab es nun doppelt.

Napoleons Geschwister konnten ihre Königswürden nur kurz genießen. Aber die Familie eines seiner Gefährten sitzt bis heute auf einem Thron: Jean Baptiste Bernadotte war als General seit dem Italienfeldzug an Napoleons Seite, später auch als sein Kriegsminister. Seine Frau Désirée Clary war zwei Jahre lang mit Napoleon verlobt gewesen. Als nun das Königreich Schweden 1809 ohne Thronfolger dastand, adoptierte der kinderlose König Karl XIII. den langjährigen Gefährten des französischen Kaisers. Der heutige Schwedenkönig Carl XVI. Gustaf ist Bernadottes Ur-Ur-Ur-Ur-Enkel.

Um seine eigene Herrschaft abzusichern, ließ sich Napoleon 1809 von seiner Frau Joséphine scheiden und heiratete im Jahr darauf Marie-Louise von Österreich, die älteste Tochter des österreichischen Kaisers. Sie sollte ihm einen Thronfolger gebären, etwas, das mit Joséphine nicht funktioniert hatte. Mit Marie-Louise gelang es, ein Sohn kam zur Welt, zum Thronfolger fehlte jedoch bald der Thron.

Denn Napoleon hatte sich übernommen. Der Russlandfeldzug 1812 endete in einem Debakel. Mit einer halben Million Soldaten überschritt die *Grande Armée* im Juni 1812 die russische Grenze. Einen Wintereinbruch später, samt Eroberung des zuvor von den Russen geräumten Moskau, kehrte sie Ende des Jahres mit noch knapp 5000 einsatzfähigen Soldaten zurück. Die französische Übermacht über Europa war damit dahin. Im französisch kontrollierten Westdeutschland kam es zu Aufständen. Bisherige Verbündete wandten sich den Gegnern zu, auch Österreich war darunter. Napoleon gelangen mit rasch aufgestellten Truppen aus Frankreich noch einzelne militärische Erfolge. Doch die „Völkerschlacht“ von Leipzig endete mit der endgültigen Niederlage und dem Sturz des französischen Kaisers.

Nachdem er mittlerweile Verwandtschaft war, setzten sich die Habsburger dafür ein, dass er seinen Titel behalten durfte und die Insel Elba vor der toskanischen Küste als Wohnsitz bekam. Napoleon überlebte einen Selbstmordversuch und kam noch einmal zurück, knapp zehn Monate nach seinem Weg ins erste Exil: Frankreich war mit seinem wieder eingesetzten Bourbonen-König unzufrieden; der Kaiser brach aus seinem Exil aus und sammelte auf seinem Weg durch Frankreich seine Veteranen um sich: Es gelang ihm, eine Armee von mehr als 125.000 Soldaten aufzustellen. Doch seine neuerliche Herrschaft dauerte nur Hundert Tage. Im belgischen Örtchen Waterloo endete das Abenteuer, Briten und Preußen besiegten das französische Heer, Napoleon wurde geschlagen und musste nun endgültig ins Exil.

Wie populär Napoleon zu dieser Zeit noch war, zeigt eine Episode aus dem südenglischen Plymouth: Dorthin kamen wahre Massen von Menschen, um einen letzten Blick auf den berühmten Mann zu werfen, der von dort auf der *HMS Northumberland* nach St. Helena gebracht wurde.

Auf dieser kleinen Insel im Südatlantik endete das Leben des Kaisers der Franzosen. Fast sechs Jahre lebte er dort in einem relativ milden Klima – in Bezug auf das Wetter wie auf die Lebensbedingungen. Vergiftet wurde er entgegen anderslautender Gerüchte nicht, Magenkrebs ist die wahrscheinlichste Todesursache, an der er am 5. Mai 1821 starb.

Zwei Jahrzehnte später wurde sein Leichnam exhumiert und nach Paris überführt. Dort liegen seine Überreste heute in der Krypta des Invalidendoms, der Grabstätte Frankreichs für seine größten Söhne und Töchter. Napoleon, der Korse, ist ein französischer Unsterblicher geworden, ein Held, immer noch.

Papst – ein Amt mit speziellen Anforderungen

Päpste sind für gewöhnlich nicht unter der Kategorie „Bösewichter" zu finden, in der Kategorie „Berühmtheiten" dagegen schon. Wobei es auch für fragwürdige Päpste einiges an Belegen gibt, unter 266 bisherigen Amtsinhabern am Stuhl Petri finden sich gute ebenso wie böse. Leo V. etwa, der im Jahr 903 ganze 30 Tage lang Papst war, soll von seinem Nachfolger Christopherus erwürgt worden sein. Der wiederum wurde vier Monate später von Sergius III. ins Gefängnis geworfen. Was dann mit ihm passierte, ist unbekannt.

Dass Sergius' eigener Sohn im Jahr 931 als Johannes XI. Papst wurde, lässt zumindest an der Keuschheit dieses Pontifex zweifeln. Der nächste Johannes, der XII., war wiederum dessen Sohn und der Enkel des Sergius. Er war bei seiner Papstwahl 16 Jahre alt, vielleicht auch schon 18, so genau weiß man das nicht. Jugend ist zwar keine Sünde, eine Tugend ist sie aber wohl auch nicht in diesem Amt: Abgesetzt wurde er acht Jahre später wegen „unmoralischen Lebenswandels".

Für die Päpste des 10. Jahrhunderts setzte sich die Bezeichnung „Pornokratie" durch, weil ihre Mätressen erheblichen Einfluss auf die Amtsgeschäfte genommen haben sollen. Vielleicht war dies auch kaiserliche Propaganda, denn die Kaiser standen dem Papsttum oft kritisch gegenüber. Rom wurde jedenfalls vom ortsansässigen Adel beherrscht, und das Papsttum gleich mit.

100 Jahre später zeigte ein Papst dem Kaiser, wo Gott wohnt, nämlich in Rom. Zumindest seine Stellvertreter. Kaiser Heinrich IV. war der Meinung, dass ihm der erste Rang und die letzte Entscheidung im Heiligen Römischen Reich zukomme. Schließlich verdanke er seinen Thron Gottes Gnaden, während ein Papst bloß

von Menschen gewählt sei. Es ging um die Frage, wer Äbte und Bischöfe einsetzen dürfe, was damals ein wichtiger Machtfaktor war. Papst Gregor VII. reagierte umgehend und hart, mit Kirchenbann und Exkommunikation, was dem Kaiser all seine Rechte nahm. Vor der Burg im oberitalienischen Canossa musste Heinrich daraufhin drei Tage betend, fastend und barfuß Buße tun, bevor der darin weilende Papst den Kaiser wieder in die Kirche aufnahm. Dass dieser Gang nach Canossa im Jänner des Jahres 1077 stattfand, wird die Strafe noch verstärkt haben.

Für die Kirche begannen dennoch unruhige Jahre: Es folgten Gegenpäpste – insgesamt 31, von unterschiedlicher Relevanz. Es folgten Sedisvakanzen, Jahre in denen es überhaupt keinen Papst gab. Der Sitz des Papstes wurde nach Avignon in Frankreich verlegt und wieder zurück nach Rom. Und schließlich stellte die Reformation das Papsttum überhaupt infrage: Für die protestantischen Kirchen ist der Papst schlicht der Bischof von Rom.

Zurzeit ist Franziskus der Papst der römisch-katholischen Kirche. Es gibt aber noch andere amtierende Päpste: Tawadros II. ist seit 2012 Papst der koptischen Christen, einer Glaubensgemeinschaft mit rund zehn Millionen Mitgliedern, die vor allem in Ägypten leben. Der griechisch-orthodoxe Patriarch von Alexandria trägt ebenfalls den Titel Papst. Aktuell ist es Theodoros II., mit der offiziellen Bezeichnung „Papst und Patriarch von Alexandria und ganz Afrika“.

Man kann sich allerdings nicht so einfach Papst nennen, es braucht schon eine theologisch-historische Grundlage dafür. Der Papsttitel ist im 3. Jahrhundert entstanden – und zwar in Alexandria, für den dortigen Patriarchen. So gesehen hat Theodoros II. den ältesten Anspruch darauf. Es handelte sich dabei um ein Zwischending aus formellem Titel und Kosenamen, der Begriff kam von *Papa* – das war auch im Römischen Reich eine liebevolle Bezeichnung für Vater. Der Papa, oder Papst, war in diesem Sinn ein besonders wichtiger und geschätzter Kirchenvater.

Auf den Bischof von Rom, den Nachfolger am Stuhl Petri, wurde der Titel erst 70 Jahre später erstmals angewandt, an der Wende zum 4. Jahrhundert. Marcellus war der Erste, der damit geehrt wurde. Er war aber schon der 32. Bischof von Rom – wenn man Simon Petrus mitzählt, der laut Bibel ja von Christus selbst als sein Nachfolger eingesetzt wurde. Entgegen der kirchlichen Überlieferung dürfte Petrus aber wahrscheinlich nie in Rom gewesen sein.

Doch aus dieser Tradition der Nachfolge Petri heraus war der Bischof von Rom immer auch oberster Führer des Christentums. Es gab oft massiven innerkirchlichen Widerstand dagegen, es kam zu Kirchenspaltungen. Die Trennung in römisch-katholische Westkirche und orthodoxe Ostkirche erfolgte um die Jahrtausendwende. Das immer noch mächtige Konstantinopel wollte sich nicht mit dem Vorrang des Papstes im mittlerweile heruntergekommenen Rom abfinden.

Die starke Rolle des Papstes – Stichwort „Unfehlbarkeit" in Glaubensdingen – hat auch in der katholischen Kirche immer wieder zu Differenzen geführt. Es gibt sie in dieser Deutlichkeit erst seit dem Jahr 1870, als im Ersten Vatikanischen Konzil eine de facto absolute Macht festgeschrieben wurde. Der Papst hat seither, in dieser Reihenfolge, die Höchstgewalt, die Vollgewalt, die unmittelbare Gewalt und die Universalgewalt in der Kirche – und kann diese auch völlig frei ausüben. Nach dieser Aufwertung des Papstamtes kam es übrigens zur letzten großen Kirchenspaltung: Die sogenannten Altkatholiken wollten da nicht mehr mitgehen.

Als Brückenbauer ist der Papst da also gescheitert, obwohl genau das eigentlich sein ältester Titel ist: *Pontifex* – lateinisch für Brückenbauer – ist die älteste Bezeichnung für das Religionsoberhaupt. Sie ist noch viel älter als der Papsttitel und das Christentum insgesamt. *Pontifex maximus* hießen im alten Rom die obersten Religionsbeamten, die die Aufsicht über die religiösen Kulte überhatten. Das war ein durchaus einflussreicher Posten, auf den man gewählt wurde. Einer der bekanntesten Amtsträger war Julius Cäsar. Ein erfolgreicher Politiker, ein Feldherr – und ganz sicher kein Heiliger.

Kennedy – der Mann, der ein Mythos war

Katholik, aber ganz sicher kein Heiliger – das ist eine Beschreibung, die auch auf den 35. Präsidenten der USA zutreffen würde. John Fitzgerald Kennedy, genannt Jack, war der US-Präsident, der weltweit wohl den meisten Ruhm einfahren konnte, und das mit nicht einmal drei Jahren Amtszeit. Am 22. November 1963 wurde er in Dallas, Texas, erschossen. Und sogar die Umstände seines Todes bewegen heute noch die Menschen.

Sein Weg ins Präsidentenamt verlief *against all odds*, wie die Amerikaner sagen, gegen alle Wahrscheinlichkeit. Denn Kennedy war im US-Establishment ein Außenseiter: ein irischer Katholik, der Erste, der US-Präsident wurde und kein Protestant war. In einer so sehr von religiöser Zugehörigkeit geprägten Gesellschaft wie der amerikanischen war das schon etwas Besonderes. Außerdem war Kennedy außergewöhnlich jung, als er Präsident wurde. Er war bei Amtsantritt 43 Jahre alt. Nur Theodor Roosevelt war ein paar Monate jünger, als er 1901 das Amt übernahm – als Vizepräsident, nachdem der gewählte Präsident William McKinley bei einem Attentat erschossen worden war.

Kennedy wurde also als junger Mann ins Präsidentenamt gewählt. Und seine Jugend war in den 60er-Jahren ein Versprechen: Jetzt wird alles anders, alles besser. Er verkörperte die Hoffnungen der damaligen Jugend, der Generation nach den schrecklichen Weltkriegen. Er hat diese Rolle als Projektionsfläche für alles Moderne, Unbelastete auch perfekt inszeniert. Von keinem anderen Politiker sind so viele berühmte Zitate überliefert wie von Kennedy. Von „Ich bin ein Berliner“ als Bekenntnis zur Verteidigung Westberlins als Teil der Freien Welt bis zu: „Frag nicht, was dein Land für dich tun kann. Frag, was du für dein Land tun kannst." Diese Forderung an seine eigene Generation hat er schon in seiner Ansprache zum Amtsantritt formuliert. Der Text ging damals übrigens so weiter: „Meine Mitbürger in der ganzen Welt: Fragt nicht, was Amerika für euch tun wird, sondern fragt, was wir gemeinsam tun können für die Freiheit des Menschen."

Es waren Ansprachen, die zu geflügelten Worten wurden, reif fürs Poesiealbum. In seiner *Inauguration Speech*, der Amtsantrittsrede, findet sich auch der Satz „Lasst uns nie aus Furcht verhandeln, aber lasst uns nie Angst davor haben, zu verhandeln." Die Welt befand sich damals in einem atomaren Wettrüsten, der Kalte Krieg drohte heiß zu werden. Kennedys Reden waren genau geplant und oft fast poetisch: „Wenn wir uns einig sind, dann gibt es wenig, was wir nicht können. Wenn wir uneins sind, dann gibt es wenig, was wir können", lautet ein weiteres Zitat.

Unter Kennedy wurde der Beruf des Redenschreibers so richtig wichtig in der Politik. Und auch das Politikmarketing begann mit ihm, er setzte auch seine Familie dafür ein: Jacqueline Bouvier, seine Frau, hatte einen erheblichen Anteil an seinem politischen Erfolg. Das der Öffentlichkeit präsentierte Bild war: ein junger Mann mit einer wunderschönen Frau und einer, wie man zumindest geglaubt hat, perfekten Familie. JFK sagte im Verlauf seiner Präsidentschaft immer öfter vor Publikum: „Ich weiß ja, dass sie alle wegen meiner Frau hier sind. Ich bin nur der Mann von Jackie Kennedy."

Zum Politikmarketing gehörte auch, dass er dem Aufbruch der 60er-Jahre nicht nur ein Gesicht, sondern auch eine Richtung gab: Das Weltraumprogramm der NASA etwa wurde von ihm massiv vorangetrieben. Er versprach bereits 1961, man werde noch vor Ende des Jahrzehnts am Mond landen. Dieses Versprechen hat gehalten.

Innenpolitisch war er dagegen nicht so erfolgreich, was vor allem daran lag, dass er keine drei Jahre im Amt war. Sein Kampf um höhere Bildungsbudgets wurde hinhaltend blockiert, sein Eintreten für einen gesetzlichen Mindestlohn verwässert. Auch dazu passt ein Kennedy-Zitat, das berühmt geworden ist: „Der Erfolg hat viele Väter. Der Misserfolg ist ein Waisenkind", sagte er bei einer Pressekonferenz am 21. April 1961. Außenpolitisch stand er unter Druck. Der Vietnamkrieg kam auf Touren, die Kubakrise brachte die Welt an den Rand eines Atomkriegs. Kennedy blieb standhaft, doch seine Zerrissenheit zeigt am besten ein weiteres Zitat: „Die Menschheit muss dem Krieg ein Ende setzen, oder der Krieg setzt der Menschheit ein Ende."

Bei allen Misserfolgen und auch bei allen Affären, wie jener mit Marylin Monroe, blieb er doch ein Mythos. Wenn die heute Über-30-Jährigen meist noch wissen, wo sie waren, als sie von den Anschlägen des 11. September erfahren haben, haben ihre Eltern oder Großeltern eine Antwort auf die Frage: „Wo warst du, als Kennedy ermordet wurde?" Das Attentat von Dallas lässt heute noch rätseln, noch immer werden Filme, Bücher und Podcasts darüber veröffentlicht, von der CIA bis zur Mafia gibt es kaum eine Organisation im Verborgenen, der man nicht schon eine Mittäterschaft zugetraut hätte.

Und Kennedy ist auch mehr als 60 Jahre nach seinem Tod immer noch präsent: Wer aus der Wiener Innenstadt zum ORF-Zentrum fährt, biegt bei der Kennedy-Brücke nach Hietzing ein. Weltweit sind Brücken, Straßen, Plätze, Schulen nach dem US-Präsidenten benannt. Einer der Flughäfen von New York City heißt JFK, das Kennedy-Space-Center in Florida ist wegen seiner Verdienste um die NASA nach ihm benannt, auch wenn der Ort selbst wieder Cape Canaveral heißt und nicht mehr Cape Kennedy.

Der frühe gewaltsame Tod hat natürlich zum Wachsen des Mythos beigetragen. Man kann sagen, er ist zu früh gestorben, um scheitern zu können. Die Überlegung, was geschehen wäre, wenn Kennedy überlebt und mit seiner Reformpolitik weitergemacht hätte, gibt es immer noch. Der Bestsellerautor Stephen

King hat einen Roman darüber geschrieben, und wie so oft bei King geht es recht düster aus.

Es hätte aber auch gut enden können. Dass Kennedy das Potenzial für kluge Einsichten hatte, hat sich bei ihm schon früh abgezeichnet. Als 22-jähriger Student, kurz vor dem Ausbruch des Zweiten Weltkrieges, reiste er nach Palästina. Danach schrieb er einen Brief an seinen Vater, der damals US-Botschafter in London war: Eine Lösung des Nahost-Konfliktes könne nur in einer Teilung Palästinas in zwei Staaten bestehen, schrieb Kennedy im Sommer 1939, und Jerusalem sollte eine unabhängige Einheit werden. Ein Plan, der bis heute eine gewisse Gültigkeit hat.

Kissinger – Metternichs Erbe in Washington, D.C.

So jung John F. Kennedy gestorben ist, so alt ist einer seiner Berater geworden. Als Henry Kissinger am 29. November 2023 verschied, war er 100 Jahre, sechs Monate und zwei Tage alt. Die Nachrufe fielen zwiespältig aus.

Der Präsidentenberater und Außenminister unter Richard Nixon war ein Realpolitiker reinsten Wassers: Gut ist, was nützt. Und doch war er auch mehr als das. Kein anderer Außenminister der letzten Jahrzehnte, egal aus welchem Land, hat es zu einer solchen weltweiten Bekanntheit gebracht wie Kissinger. Charisma konnte man ihm nicht absprechen.

Kissinger stammte aus Deutschland, aus einer jüdischen Familie, die in Fürth bei Nürnberg daheim war. Sein Vater war Geschichtelehrer an einem Gymnasium, der Name der Familie kommt vom bayrischen Bad Kissingen. Der Vater war orthodoxer Jude, konservativ, bürgerlich, Monarchist, auch nach dem Untergang der Wittelsbacher Monarchie. Der Sohn war ein begeisterter und begabter Fußballer, die Spielvereinigung Greuther Fürth, in deren Jugendmannschaft er spielte, wurde 1926 und 1929 Deutscher Meister. Zurzeit pendelt sie zwischen Erster und Zweiter Bundesliga.

Kissingers Eltern waren von ihrem Selbstverständnis her „deutsche Patrioten“ und glaubten daher lange, der Naziverfolgung entgehen zu können. Als 1938 klar wurde, dass dies nicht gelingen würde, konnten sie in letzter Minute nach Amerika emigrieren. 30 Familienmitglieder wurden in KZs umgebracht. Aus dem 15-jährigen Heinz-Alfred Kissinger wurde in New York dann ein Henry Kissinger. Seinen deutschen Akzent hat er übrigens nie verloren.

Seiner Karriere hat das nicht geschadet, dazu war die intellektuelle Brillanz zu auffällig: Nach seinem Highschool-Abschluss wurde er 1943 US-Staatsbürger und wenig später zur US-Army eingezogen. Wegen seiner Deutschkenntnisse beförderte man ihm zum *Special Agent* bei der militärischen Aufklärung, nach Kriegsende war er an der Entnazifizierung Deutschlands beteiligt. 1947 verließ er die Armee und studierte in Harvard, der berühmten Universität bei Boston, Politikwissenschaft. Seine Doktorarbeit nahm Bezug auf die alte Heimat: Sie handelte von der Rolle des österreichischen Staatskanzlers Fürst Metternich beim Wiener Kongress. Schon damals war Kissingers Interesse an der sogenannten Realpolitik des „Der Zweck heiligt die Mittel“ groß.

1954, mit 31, wurde er Professor in Harvard, und schon in dieser Zeit beriet er immer wieder US-Politiker in Sachen Außenpolitik: Kennedy, den New Yorker Gouverneur Rockefeller, später auch Kennedys Nachfolger Lyndon B. Johnson, alles Politiker der Demokraten. Entsprechend groß war das Erstaunen, als ihn der Republikaner Richard Nixon als US-Präsident zum Nationalen Sicherheitsberater machte. Das sollte unter Nixon ein zentrales Amt werden: Der Präsident misstraute der offiziellen Diplomatie und dem Außenministerium, die weltpolitischen Fäden sollten nun im Weißen Haus zusammenlaufen – und Henry Kissinger sollte sie in der Hand halten.

So hielt die Metternich'sche Realpolitik Einzug in Washington. Nationale Interessen wurden über internationale Werte gestellt,

Verbündeten wurden Menschenrechtsverletzungen nachgesehen, der Spruch „*A crook, but our crook*" – ein Gauner, aber unser Gauner – war weitverbreitet.

Auch als Kissinger 1973 US-Außenminister wurde: Richard Nixon ging ja nicht gerade als Beispiel politischer Moral in die Geschichte ein, und Kissinger gab ihm diplomatischen Flankenschutz. Salvador Allende, der demokratisch gewählte Präsident Chiles, wurde kurz nach Kissingers Amtsantritt als Minister vom chilenischen Armeechef Augusto Pinochet weggeputscht und umgebracht. Später stellte sich heraus: Die CIA hatte die Putschisten mit Geld und Waffen unterstützt. Im Vietnamkrieg wurden Laos und Kambodscha von US-Flugzeugen bombardiert, und auch in Indonesien und Pakistan kam es zu Massakern, aber weil die Länder Verbündete der USA waren, sah man in Washington darüber hinweg.

Als Welt-Diplomat blieb Kissinger dennoch vielen positiv im Gedächtnis, dies liegt an zahlreichen diplomatischen Erfolgen: Die Annäherung zwischen den USA und China wurde von Kissinger massiv vorangetrieben, ebenso die ersten Abrüstungsverträge mit der Sowjetunion. Für seine Vermittlungsversuche im Vietnamkrieg bekam er sogar den Friedensnobelpreis.

Kissinger war eine außergewöhnliche Persönlichkeit, mit Charme, Witz und auch Selbstironie: Ein berühmtes Zitat von ihm lautet: „Ein Realpolitiker glaubt an Werte. Er weiß aber auch, was machbar ist." Ein weiteres zielt in dieselbe Richtung: „Ich glaube, es wurde mehr Leid durch Propheten verursacht als durch Staatsmänner." Und Kissinger sah sich eindeutig nicht auf der Seite der Propheten.

So richtig berühmt wurde er allerdings mit einem anderen Zitat. Von ihm stammt der Ausspruch, dass Macht das stärkste Aphrodisiakum sei. Von dieser Erotik der Macht hat er auch selbst reichlich Gebrauch gemacht: Er war zweimal verheiratet und auch sonst recht umtriebig. So soll er mit Ingeborg Bachmann, der bekannten österreichischen Schriftstellerin, in den 50er-Jahren eine mehrjährige Liebesbeziehung geführt haben. Die Briefe sind erhalten geblieben, die damalige Hoffnung der deutschen Literatur und der junge Professor sind sich so nahe gekommen, dass er sie 1955 nach Harvard geholt hat, in die *Summer School*, die er dort etabliert hatte. Wie weit die Beziehung wirklich gegangen ist, bleibt ungeklärt. Kissinger sprach in späten Interviews nur von der „extremen Faszination“, die ihn erfasst habe. Die Wahrheit ist den Menschen wohl zumutbar, hätte Ingeborg Bachmann gesagt. Aber sie muss nicht immer öffentlich werden.

EIN RESÜMEE

Geschichte ist nicht alles, was sich ereignet. Geschichte ist das, was aufgeschrieben, erfasst und überliefert wird. Unser Geschichtswissen speist sich aus Literatur und Quellen. Fehlt beides, haben wir Pech gehabt.

Vieles an schriftlichen Quellen geht aber im Lauf der Zeit auch verloren. Das Wissen der Antike ist uns in weiten Bereichen unbekannt. Die sagenhafte Bibliothek von Alexandria soll, wie bereits erwähnt, bis zu 700.000 Papyrusrollen mit Texten umfasst haben. Sie wurde – je nach Erzähler – von Julius Cäsar niedergebrannt, von frühen Christen zerstört oder von arabischen Eroberern. Fakt ist jedenfalls, dass sie nicht überdauert hat, dass sie untergegangen ist und die in ihr beschriebene Welt mit ihr.

Dieser Verlust von Wissen betraf nicht nur Geschichte und Philosophie, sondern auch ganz praktische Dinge: Die Römer hatten im 2. nachchristlichen Jahrhundert den Einsatz von Beton perfektioniert. Das Pantheon in Rom zeugt davon. Bis zur „Wiedererfindung" in der Neuzeit brauchte es 1600 Jahre, der französische Ingenieur Bertrand de Bélidor beschrieb das Gemisch aus Mörtel und Gestein erstmals im Jahr 1753 und nannte es *Béton*.

Heute kommt es uns undenkbar vor, dass es noch einmal eine so massive Vernichtung von Wissen geben könnte. Myriaden von Bits und Bytes sind auf Festplatten gespeichert, in Serverfarmen oder in der Cloud, wo auch immer die ist. Allein im deutschsprachigen Raum erscheinen jeden Tag 200 neue Bücher. Die Wiener Städtischen Büchereien haben 1,4 Millionen Titel in ihren Katalogen, das sind doppelt so viele wie die legendäre Bibliothek von Alexandria.

Leben wir also im Goldenen Zeitalter des Wissens? Nicht ganz. Immer mehr Bücher erscheinen, aber immer weniger Menschen lesen sie. In Deutschland gibt die Hälfte der Bevölkerung an, keine Bücher mehr zu kaufen. Ein Viertel der Deutschen sagt von sich, man habe überhaupt noch nie ein Buch gelesen – und vergisst damit offenbar die Schulbücher der Jugend. In Österreich sind momentan aktuellen Untersuchungen zufolge 800.000 Menschen funktionelle Analphabeten. Das heißt, sie können zwar oft einigermaßen buchstabieren und auch ihren Namen schreiben, scheitern aber an komplexeren Texten wie einem Magazinbeitrag. Diese Zahl wird nicht schrumpfen: 30 Prozent der heute 15-Jährigen fallen am Ende ihrer Schulpflicht in diese Kategorie.

Wissen wirkt aber nur dann, wenn es von vielen gewusst wird. Dieses Buch ist Teil eines Projekts, das dazu beitragen will. Es basiert auf einer Rubrik im Nachmittagsprogramm des Fernsehens. In der Infotainment-Sendung *Studio 2* präsentiere ich jede Woche Erstaunliches aus der Geschichte. Kurz nach mir ist stets der Tierarzt dran mit Fragen zur Gesundheit der Haustiere, dann beschreibt ein Kunstexperte den Wert schöner Dinge, den Abschluss machen Schauspielerinnen, Bands oder Musikerinnen. Ich weiß deshalb nach vier Jahren *Studio 2* recht genau, welch nette Menschen im heimischen Schlagergewerbe unterwegs sind oder in der volkstümlichen Musik.

In dieser manchmal wilden Mischung fühle ich mich gut aufgehoben, nicht nur, weil die Leute so sympathisch sind. Sondern auch, weil ich weiß: Genau hier will ich einen neuen Einblick anbieten, auf die Nahostpolitik, auf die Ukrainekrise. Auf die Gleichberechtigung, auf die Entwicklung des Populismus und vieles mehr.

Obwohl ich Historiker bin, fehlt mir natürlich oft Expertise in diesen Fachgebieten. Ich schöpfe sie aus Büchern und Zeitschriften, aus Datenbanken, aus Wikipedia, anderen Websites, manches wird auch einfach gegoogelt. Worauf ich spezialisiert bin, ist die Wissensvermittlung, das Übersetzen ins Verständliche und hoffentlich auch Interessante.

Denn das ist das, was Journalismus eigentlich ausmacht: Fakten herausfinden und möglichst spannend weitererzählen. Bewerten, was wichtig und was relevant ist. Die Rolle des Journalismus wird häufig so beschrieben: Schleusenwärter am Strom der Information.

Diese Rolle verlieren wir immer mehr. Das Internet und vor allem Social Media haben unsere Funktion als Erzähler und Deuter der Welt infrage gestellt. Man kann das als großen demokratischen Fortschritt sehen, aber auch als große Verwirrung. Ohne Ortskundige wird der Weg durch den Informationsdschungel schwierig, man kann sich dabei verirren und in Sackgassen laden: in Verschwörungstheorien, in „alternativen Wahrheiten“, in unentwegter Aufregung.

Das macht die Welt nicht besser. Es wäre nicht das erste Mal, dass sich Gesellschaften auf Irrwege begeben haben, das zeigt die Geschichte. Sie zeigt aber auch die Auswege, sie zeigt die Fortschritte. Sie gibt Hoffnung, dass es auch gut werden kann.

Für dieses Buchprojekt bedanke ich mich beim Team von *Studio 2*, das mir immer wieder wertvolle Anregungen gibt. Ich bedanke mich bei Birgit Francan vom Ueberreuter Verlag dafür, dass sie immer wieder Gas gibt, und bei meiner Lektorin Caroline Metzger für ihre akribische Genauigkeit.

Und vor allem bedanke ich mich bei meiner Familie, bei meinen Kindern und meiner Frau Lou, dass sie so bereitwillig akzeptieren, dass ich auch an Abenden, Wochenenden und in Urlauben immer wieder in meinen Büchern und in der Geschichte verschwinde, in ewiger Neugier.

FM/AM